Tillmann Berger
Helmut Graf
Hans-Harald Hanson
Adelheid Löbert
Alexander Mößner
Volker Rust
Jürgen Springer

DESIGN UND AERODYNAMIK

Kreativität und Strömungslehre – Gestalten, Messen, Formen
Lehrermaterial und Kopiervorlagen mit CD-ROM
Gymnasium Klassen 8 bis 10

Daimler AG | Klett MINT GmbH
Stuttgart

Bildquellennachweis

Umschlag: Schwarz Gruppe Grafikdesign, Stuttgart
18, 23, 25 unten, 49, 50, 52, 57, 58, 59 Mitte Nr. 5-6, unten, 60 Daimler AG; **25 oben, 26, 33, 59 Mitte Nr. 1-4** thinkstockphotos; **17, 47, 48, 63, 64** Dr. Tillmann Berger; **35** Dr. Adelheid Löbert; **62** Jürgen Springer; **41 oben** Fritz Hansen A/S; **41 Mitte** BiC Group; 4**1 unten** Coca Cola Deutschland; **42 Mitte** Alessi Deutschland GmbH; **42 unten** IKEA Deutschland; **54** Stuttgarter Wochenblatt; **66** adidas Group

1. Auflage 1 5 4 3 2 1 | 2018 17 16 15 14 13

Autoren: Dr. Tillmann Berger, Sindelfingen; Helmut Graf, Wörth; Hans-Harald Hanson, Sindelfingen; Dr. Adelheid Löbert, Sindelfingen; Alexander Mößner, Sindelfingen; Volker Rust, Karlsruhe; Jürgen Springer, Karlsruhe

Mit Unterstützung von: Armin Gittinger, Formel 1 in der Schule und Siemens Industry Software, Heidelberg

Redaktion: Hanne Lier, Medienwerk Lier, Stuttgart
Projektkoordination und Herstellung: Petra Wöhner

Umschlag und CI: Schwarz Gruppe Grafikdesign, Stuttgart
Gestaltung Inhalt: Gabriele Kiesewetter, Jung Medienpartner, Limburg
Illustrationen: Alexander Schmitt, as-illustration, Rimpar
Bildbearbeitung: Till Traub, Bildwerkstatt, Leonberg
Presswerk: Osswald GmbH & Co., Leinfelden-Echterdingen
Reproduktion und Druck: Medienhaus Plump, Rheinbreitbach

ISBN 978-3-942406-07-9

Printed in Germany
ISBN 978-3-942406-07-9

Vorwort

Liebe Lehrerinnen und Lehrer,

wie sieht die Mobilität der Zukunft aus? Genius, die junge WissensCommunity von Daimler, gibt Ihnen und Ihren Schülerinnen und Schülern Einblicke in Zukunftstechnologien und die Mobilität von morgen. Gemeinsam können Sie naturwissenschaftliche und technische Themen, Mobilitätskonzepte und Berufsbilder in der Automobilindustrie entdecken.

Unter dem Motto „Mehr Neugier - mehr Zukunft" möchte Genius Kinder und Jugendliche für technische Themen begeistern. Denn die Begeisterung für Naturwissenschaft und Technik ist nicht nur der Schlüssel zur erfolgreichen Gestaltung unserer Umwelt und Wirtschaft, sie eröffnet der nächsten Generation auch hervorragende berufliche Perspektiven.

Sie als Lehrkraft erhalten durch Genius direkten Zugang zu aktuellen Fragestellungen der Fahrzeugtechnik, didaktisch aufbereiteten Unterrichtsmaterialien sowie passenden Fortbildungen.

Der vorliegende Band ist bereits der dritte Titel der Reihe „Mobilität der Zukunft" - ein Thema, das im Schulfach „Naturwissenschaft und Technik" (NwT) an Gymnasien verankert ist.
Er beschäftigt sich mit Design und Aerodynamik – zwei Themen, die gegensätzlich erscheinen und doch auf spannende Weise auf ein gemeinsames Ziel hinarbeiten. Hier werden neben fachlichem Wissen auch Sozial- und Methodenkompetenz trainiert.

Auch dieser Band wurde im fachlichen Austausch von Ingenieurinnen und Ingenieuren mit Lehrkräften in Zusammenarbeit mit Klett MINT alters- und lehrplangerecht erarbeitet.

Klett MINT ist Teil des größten deutschen Bildungsunternehmens und hat sich die Förderung der MINT-Bildung, also der Disziplinen Mathematik, Informatik, Naturwissenschaften und Technik in Schule, Studium und Beruf, auf die Fahnen geschrieben. Die Genius-Unterrichtsmaterialien sind ein weiteres Ergebnis der nachhaltigen Zusammenarbeit zwischen Daimler und Klett. Wir hoffen, dass sie Ihnen viele neue Ideen und Impulse bieten und wünschen Ihnen viel Freude damit im Unterricht.

Dr. Anna-Maria Karl
Leiterin Genius
Daimler AG

Dr. Dierk Suhr
Geschäftsführer
Klett MINT GmbH

Inhaltsverzeichnis

Teil B2 – Aerodynamik (Einführung)

Teil C – Aerodynamik und Design – Umsetzung

Teil D – Klassenarbeit

Lösungen

DVD-ROM

Alle Arbeitsblätter und Lösungen dieses Heftes finden Sie zum Ausdrucken auch auf der beiliegenden DVD-ROM. Dort finden Sie auch Folien, eine zusätzliche, editierbare Klassenarbeit und das Programm Solid Edge.

Lehrerinformationen

Einführung in das Projekt

Allgemeines

Der Aufbau des Heftes orientiert sich an den fachlichen Anforderungen des Faches Naturwissenschaft und Technik (NwT), in dem praktische Arbeiten und selbstgebaute Messgeräte gefordert werden.

Beim Thema Design geben Fallbeispiele eine Orientierungshilfe für qualitative Kriterien wie „gelungen", „schlüssig" etc. Da die Aerodynamik sich nicht mit dem Interieur befasst, wurde darauf verzichtet, die gestalterischen Aspekte des Innenraums aufzunehmen. Anwendungstechnische Aspekte bedient das Thema CAD (Computer Aided Design).

Der naturwissenschaftliche Aspekt wird mit dem Thema Strömungswiderstände sowie deren Berechnung mit einer CFD-Software (Computational Fluid Dynamics, numerische Strömungsmechanik) behandelt. Man sollte sich immer verdeutlichen, dass für wenige Sekunden Echtzeitmessung im Windkanal eine adäquate Windkanalsimulation die Rechnerkapazität eines Entwicklungszentrums für mehrere Tage beansprucht.

Wer bestimmt, wie ein Auto aussieht?

Diese Frage wird zu sehr unterschiedlichen Antworten führen: Das spritsparende Auto verlangt nach einer guten Aerodynamik, aber gekauft wird es vom Kunden und der will es chic, sportlich, individuell haben und die Familie plus Gepäck in den Urlaub transportieren. Was sagen die mit der Entwicklung betrauten Fachleute zu diesen unterschiedlichen Ansprüchen?

Der Designer

Designprozess

Design ist verantwortlich dafür, dass ein Produkt erkannt wird. Die Kunst besteht darin, Innovationen in der Formgebung mit traditionellen Markenelementen zu verbinden und damit ein klassisches Markendesign zu erhalten und weiterzuführen. Die Werte einer Marke sollen bei Personenwagen und Nutzfahrzeugen stets auf den ersten Blick wahrnehmbar sein.

Zukünftige **Designtrends** zu erkennen und selbst neue Trends zu setzen, ist die große Aufgabe der Designer. Sie suchen nach modernen Formen, die nicht modisch und damit kurzlebig sind, sondern die für Jahrzehnte den Stil einer Marke prägen. Zur Absicherung der internationalen Gültigkeit eines Designs werden in Advanced Design Studios Designkonzeptionen entwickelt, die Designtendenzen der Märkte weltweit aufnehmen. Die Standorte der Advanced Design Studios liegen meistens in den Trendmetropolen von Asien und den USA.

Die Maßkonzeption ist die Grundlage für die **Ideenphase** im Design. Die Handskizze ist dabei das wesentliche Mittel des Designers, um seine persönliche Vorstellung auszudrücken und die Emotionalität und Ausstrahlung eines Fahrzeugdesigns aufzuzeigen. Dutzende von Skizzen und Renderings decken die Bandbreite der möglichen Lösungen ab. Ab einem bestimmten Reifegrad werden ausgewählte Entwürfe anschließend in die dritte Dimension übertragen.

In der **Modellphase** werden auf Basis der Skizzen Plastilinmodelle im Maßstab 1:4 erstellt. Dabei kommt es darauf an, die Skizzen so umzusetzen, dass einerseits ihr Charakter erhalten bleibt, andererseits jedoch die Maßvorgaben der Konzeption erfüllt werden. Etwa acht Maßstabsmodelle werden für jede Baureihe erstellt und auch aerodynamisch überprüft. Bereits in diesem Maßstab lassen sich aerodynamische Unterschiede in den Details messen und durch formale Änderungen optimieren.

Nachdem die überzeugendsten Modelle ausgewählt sind, werden sie abgetastet und zu **Datenmodellen** weiterentwickelt. An der Powerwall, einer 7 m breiten Rückprojektionswand, können die Datenmodelle in beliebiger Umgebung präsentiert und gestalterisch verfeinert werden. Die besten Vorschläge werden in Originalgröße in Clay (engl. „Lehm"; ein Industrieplastilin) oder Polyurethan-Hartschaum gefräst, geschliffen und lackiert. Etwa fünf Varianten werden als 1:1-Modelle weiterverfolgt, bis nach zahlreichen Überarbeitungs- und Entscheidungsrunden schließlich ein Entwurf ausgewählt wird.

Gestaltungsthemen und Charakter des **Interieurs** werden zunächst über Skizzen definiert, bevor ausgewählte Entwürfe als 1:1-Modelle aufgebaut werden. Im Modell sitzend kann der Designer die Gestaltung und Ergonomie überprüfen und optimieren. Alles, was der Kunde in die Hand nimmt, wie Griffe, Schalter, Lenkrad oder Sitze, bedarf einer besonderen Aufmerksamkeit. Besondere Sorgfalt gilt der Auswahl der Materialien, die in jedem Fahrzeug den hohen Ansprüchen an Komfort, Anmutung und Haptik genügen müssen. Die Kombination von Leder, Holz, Stoff und Farben prägt den Gesamteindruck des Innenraums. Die verwendeten Materialien müssen dabei gleichwertig, edel und authentisch sein, damit das Interieur wie aus einem Guss erscheint.

Die Bedienelemente und Anzeigen im Fahrzeuginnenraum zu konzipieren, ist ebenfalls Aufgabe des Design-Bereichs. Der Schwerpunkt liegt auf der Ergonomie und Haptik, den Schriften, Schaltern und Anzeigen sowie der Display- und Menügestaltung.

Am Ende des Entwurfsprozesses steht der **Designentscheid**, das heißt, der neue Fahrzeugtyp wird unter gestalterischen, aerodynamischen, technischen und marktstrategischen Gesichtspunkten geprüft und ausgewählt.

Wenn alle Funktionen, die unter der Oberfläche liegen, überprüft und abgesichert sind, endet der Designprozess in einem **1:1 Datenkontrollmodell** für das Exterieur ebenso wie für das Interieur. Das Modell zeigt exakt die Formdaten auf und ermöglicht es, Übergänge, Radien und Fugen zu prüfen und besonders beim Interieur die Materialien abzustimmen. Es ist das **Referenzmodell** für alle weiteren Prozesse.

Der Ingenieur und Aerodynamiker

Aufgabenstellung

Mit der Aerodynamik sind sehr unterschiedliche Aufgabenstellungen im Fahrzeugbau verbunden. Als erstes versteht man darunter, die Luftkräfte, die an einem Fahrzeug angreifen, zu optimieren.
Aerodynamik umfasst aber auch alle Arbeiten, die im weitesten Sinn damit zusammenhängen, dass die um ein fahrendes Fahrzeug herumströmende Luft möglichst wenige unerwünschte Effekte hervorruft. Diese können in einem erhöhten Kraftstoffverbrauch, in reduzierter Fahrsicherheit und -stabilität, in schlechterem Komfort (starke Windgeräusche, Zugerscheinungen beim offenen Fahren im Cabriolet) oder in verminderter Sicht auf Außenspiegel und damit den rückwärtigen Verkehr bestehen.
Aber auch die Luft, die durch das Fahrzeug hindurchströmt, soll günstig beeinflusst werden. Die Kühlung von Motor und Aggregaten muss in allen Betriebszuständen gesichert sein, genauso wie die Klimatisierung und Belüftung des Fahrgastraumes.

Aus dieser umfassenden Aufgabenstellung ergibt sich, dass die Aerodynamik Einfluss auf viele gestalterische und konstruktive Bereiche nehmen muss. Daher ist es sehr wichtig, dass die Aerodynamik einen hohen Vernetzungsgrad zu diesen Bereichen unterhält.

Historie

Die Aerodynamik von Kraftfahrzeugen hat sich aus dem **Flugzeugbau** entwickelt. Frühe Entwürfe von aerodynamisch optimierten Autos haben viele Grundformen aus dem Flugzeugbau entlehnt, z.B. Tragflügel. Der Stellenwert der Aerodynamik im Flugzeugbau ist jedoch ungleich höher als im Automobilbau; hier musste sie lange um Akzeptanz kämpfen. Erst mit der sogenannten „Energiekrise“ in den 1970er Jahren wurde die aerodynamische Formoptimierung stärker in die Gestaltung der Autos übernommen; vorher war „aerodynamisches Aussehen“ nicht immer mit „hoher aerodynamischer Qualität“ gleichzusetzen, sondern oft nur gestalterisches Stilmittel.

Nachdem einige Jahre die **Grundformoptimierung** stärker im Hintergrund stand und „nicht-sichtbare“ Optimierungsmaßnahmen bevorzugt wurden (Kühlluftregelmechanismen, glatte, verkleidete Unterböden, ...) werden in Zukunft durch den steigenden Druck zu reduziertem Kraftstoffverbrauch die „sichtbaren“ Optimierungen der Außenform unvermeidlich sein. Dies den Kunden zu vermitteln, wird eine wichtige Aufgabe der Automobilbranche sein. Von großer Hilfe kann und muss der Designbereich sein und diese notwendige Qualität vermitteln.

Entwicklungsprozess

Durch die wachsenden Ansprüche an bestimmte Qualitäten von Fahrzeugen verlagert sich ein immer größerer Teil der Entwicklungsarbeit zeitlich nach vorn. Gleichzeitig wird die Zeit für die Entwicklung immer weiter verkürzt. Kostendruck sorgt für fortschreitende Modularisierung, gleichzeitig soll alles individueller, immer weiter verfeinert und detaillierter werden.
Schon in konzeptionellen Projektphasen wird durch **Messungen an Windkanalmodellen** und durch **Simulationsrechnungen** ermöglicht, die unterschiedlichen Entwürfe zu bewerten und zu optimieren. Nach Eintritt in die eigentliche Entwicklungsphase werden zuerst Modelle im 1:4-Maßstab im Modellwindkanal gemessen und die Form optimiert. Oft sind es mehr als zehn Entwürfe, die diesen Schritt durchlaufen.
Mehrere favorisierte Modelle werden in den 1:1-Originalmaßstab übertragen, wobei die Oberfläche weiterhin aus einfach bearbeitbarem Material besteht; schließlich muss die Formänderung leicht realisierbar bleiben.
Wenn das **Exterieur** beschlossen ist, wird durch die Aerodynamik ein eigenes Modell aufgebaut. Im Unterschied zu den vorherigen Modellen sind in dieses Modell weitere Details

eingeflossen: Motorraum, Unterboden, Aggregate wie Getriebe oder die Abgasanlage, die Achsen – nicht voll funktional, aber mit der ihnen eigenen Außenhaut, um ihren Einfluss auf die Strömung abbilden zu können.

Nun werden auch Untersuchungen zum **Windgeräuschverhalten** durchgeführt: durch unvorteilhafte Gestaltung steigt das Geräuschniveau an, der Komfort leidet. In Windkanalversuchen werden die Außenspiegel geformt, um einen optimalen Kompromiss zu finden zwischen geringen Windgeräuschen und Luftwiderstand zum einen und wenig Verschmutzungsneigung auf Seitenscheiben und Außenspiegelgläsern zum anderen. Sehr oft sind diese Ansprüche konträr zueinander.

Fortgesetzt wird die Entwicklung durch Arbeiten an den **Prototypen**, die fahrfähige und detaillierte Fahrzeuge sind. Dementsprechend gehen die Optimierungen immer mehr ins Detail praktisch aller Bauteile, die mit der umgebenden Luft in Kontakt treten.

Aerodynamiker als Beruf

Die Tätigkeit des Aerodynamikers erstreckt sich praktisch über die komplette Entwicklungszeit des Fahrzeugs von den ersten Konzepten bis hin zur Markteinführung. Er arbeitet mit Komponenten- und Querschnittsbereichen zusammen, mit unterschiedlichsten Inhalten, mit Styling, mit Werkstätten, mit Vorentwicklung und Forschung, unterhält Kontakte zu Universitäten, zum Einkauf und zu Lieferanten und nicht zuletzt zu Produktion und Qualitätssicherung.

Es ist also eine höchst komplexe Aufgabe, die von fundiertem fachlichem Wissen besonders in **Strömungsmechanik** und **Thermodynamik** geprägt ist und hohe Flexibilität verlangt. Ohne Verständnis und Einfühlungsvermögen für die Notwendigkeiten und Mechanismen in angrenzenden Bereichen ist diese Arbeit nicht erfolgreich möglich.

In diesem Beruf sind Maschinenbau- oder Luft- und Raumfahrttechnik-Ingenieure häufig anzutreffen. Hilfreich sind zunehmend Kenntnisse in Theorie und Anwendung von **Strömungssimulationen**; längere Zeit wird aber das Experiment in Windkanälen noch eine wichtige Rolle spielen mit allem was dazu gehört, etwa **Messtechnik** und **Modellbau**.

Aerodynamik und Design

Aus der heutigen Entwicklung von Serienautomobilen sind weder die Aerodynamik in all ihren Aspekten noch das Design wegzudenken. Das Design genießt allerdings einen bedeutend höheren Stellenwert. Trotzdem ist gegenseitige Akzeptanz unabdingbar, um zu gemeinsamen Lösungen zu kommen. Beide definieren sich, zumindest in frühen Entwicklungsphasen des Fahrzeugs, über die Gestaltung der Form, daher sind Zielkonflikte praktisch vorprogrammiert. Während dem Design auch Linien, Farben, Zierleisten etc. als Gestaltungselemente zur Verfügung stehen, verfügt die Aerodynamik über zusätzliche, nachrangige Optimierungsmaßnahmen wie Spoiler vor den Rädern und Unterbodenverkleidungsteile, falls die Formoptimierung nicht ausreichend zur Zielerreichung beiträgt.

So besitzen beide, Design und Aerodynamik, ausreichend Mittel und genügend kreative Freiheit, um dem wohl am häufigsten genannten Vorwurf entgegenzutreten, dass der Einfluss der Aerodynamik den Autos ihren eigenständigen Charakter nähme und alle gleich aussähen. Ein Blick auf das heutige Straßenbild vermittelt ein völlig anders Bild: trotz der starken Einflüsse der Aerodynamik auf die Gestalt der Fahrzeuge ist eine fast unüberschaubare Vielfalt anzutreffen. Und manchen Herstellern und Fahrzeugen gelingt sogar, aus der Vielfalt herauszustechen und eine Unverwechselbarkeit zu erreichen.

Lehrerinformationen zu den einzelnen Arbeitsblättern

AB 1 „Wie wir uns Autos denken und gestalten“

Ton sollte man in der Schule bei den Kollegen für den Kunstunterricht erhalten, ansonsten erkundigt man sich in Geschäften, die Künstlerbedarf anbieten (auch ein lokaler Töpferladen könnte hilfreich sein). Tonbearbeitungswerkzeuge werden dort ebenfalls angeboten, z.B. Drahtschlingen und Modellierhölzchen. Hat man das nicht zur Hand, kann man sich auch mit kleinen Messern, Hölzchen, Zahnstochern etc. behelfen.
Das beste Werkzeug ist die Hand! Hilfreich ist außerdem ein dünner stabiler Draht (ca. 40 cm lang), an den man beidseitig einen Griff (beispielsweise ein Stück Rundholz) befestigt. Damit lässt sich der Ton gut „schneiden“ - man zieht den Draht durch den Ton.
Ton ist recht „gutmütig“ zu bearbeiten - also nur zu! Für die erste Übung muss man nichts weiter berücksichtigen, da der Ton nicht gebrannt werden soll. Wenn ein richtiges Modell gebaut wird (Arbeitsblatt 16), bitte die Hinweise auf dem Arbeitsblatt beachten.

AB 2 „Wie sich Fortbewegung und Lebensraum beeinflussen“

Das Arbeitsblatt ist als Einstieg in die Thematik des Spannungsfeldes „Form und Zweck“ gedacht.
Die Brücke zur Bionik bildet die Frage „Wo dient die Natur als Vorbild?“
Die Schülerinnen und Schüler (SuS) vergleichen bestimmte Formen von Fischen und deren Lebensraum und Lebensformen mit bestimmten Autoformen und deren Haupteinsatzgebiet; sie bilden Analogien.

Info
Die Abkürzung SuS steht für „Schülerinnen und Schüler“.

AB 3 „Luftwiderstand beim Fahrradfahren“

Dieses Arbeitsblatt knüpft an eigene Erfahrungen der Schülerinnen und Schüler beim Fahrradfahren an.
Darauf aufbauend können die SuS andere Radfahrsituationen überdenken und unabhängig von abstrakten physikalischen Herleitungen den Zusammenhang von Luftwiderstand zu Angriffsfläche und Geschwindigkeit qualitativ erfassen.

Der quadratische Zusammenhang zwischen Luftwiderstandskraft F_w und Geschwindigkeit v wird qualitativ und im Diagramm halb quantitativ erkannt.
Interessierte SuS können über die Diagramme auf der nächsten Seite diskutieren, die als Folie gezeigt werden.

Frage an die SuS: „Wie hoch ist die Dauerleistung?“
→ Beachten Sie bei Erläuterungen die nichtlineare Zeitskala!

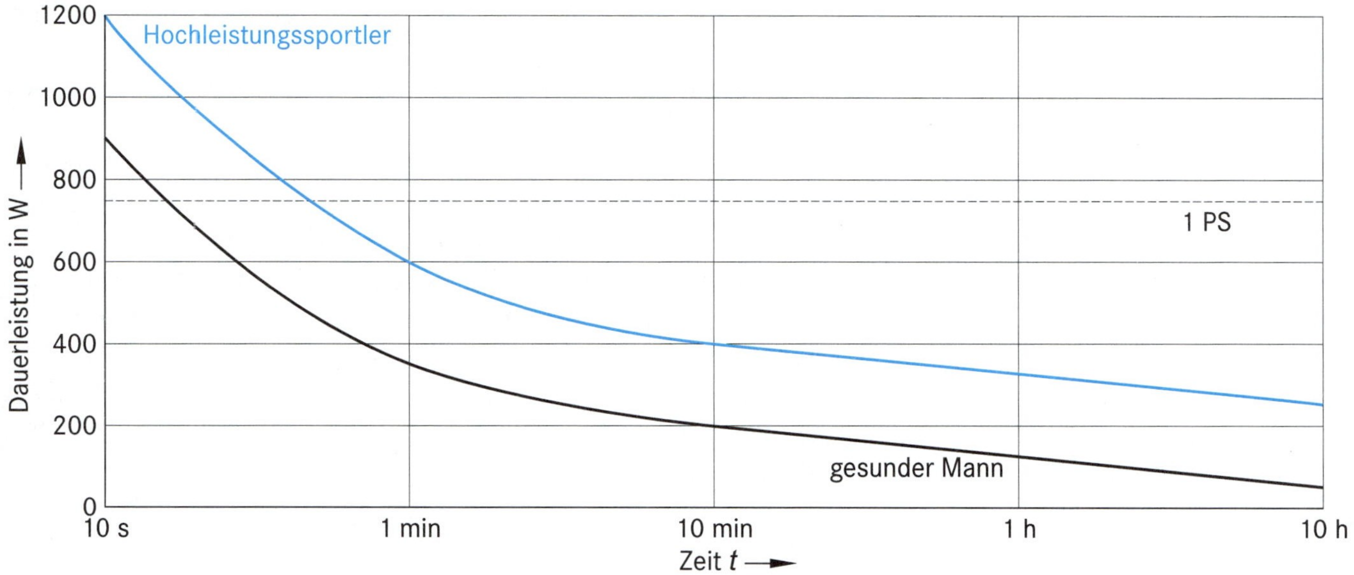

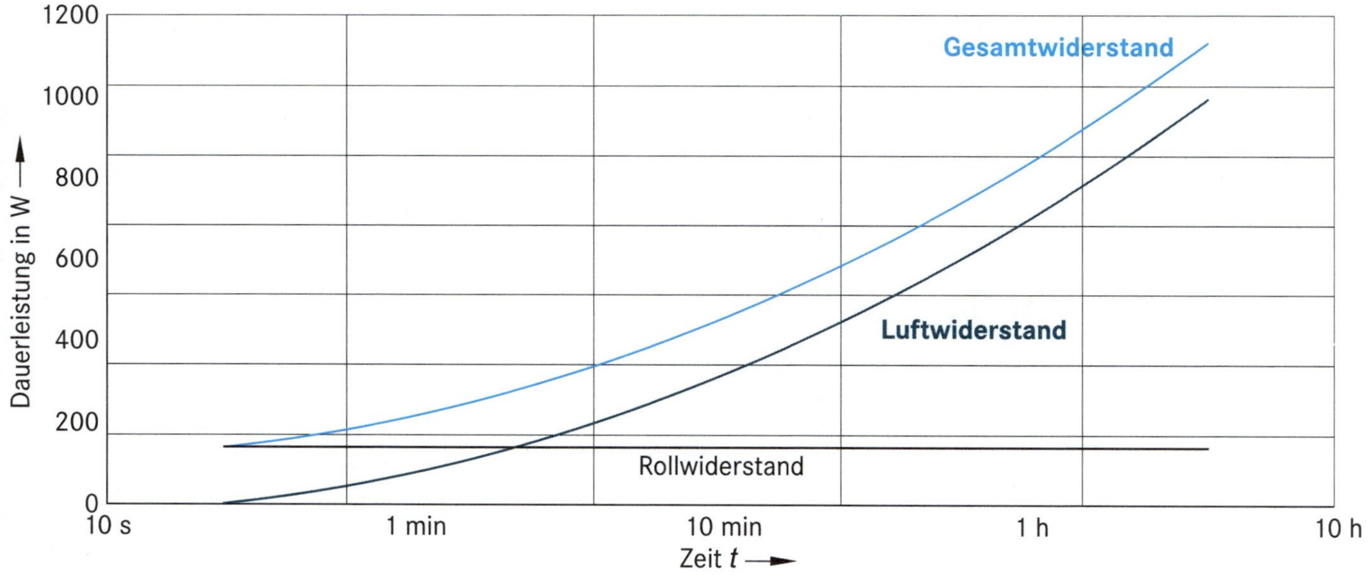

AB 4 „Strömungswiderstände in Abhängigkeit von der Fläche“

Wie bei allen folgenden praktischen Arbeiten müssen die SuS eine Einweisung an den benötigten Werkzeugen und Maschinen erhalten.

In Absprache mit Mathematik/Informatik wird eine Excel-Tabelle zur Erfassung der Fläche und zur Erstellung des Diagramms empfohlen.

Bei der Umsetzung der Messanordnung muss man unbedingt auf die möglichst reibungsarme Drehung des Stabes und die Einhaltung der rechten Winkel achten.

AB 5 „Strömungswiderstände in Abhängigkeit von der Form“

Sowohl die Vorversuche mit den vorgegebenen geometrischen Formen als auch die Wasserzugversuche mit den Fischmodellen und später die Fallversuche mit Styroporautos erfüllen nicht vollständig die Anforderungen an ein naturwissenschaftliches Experiment.

Entweder ändert sich die Kraft geringfügig bei anderer Form oder die Querschnittsfläche bleibt nicht exakt konstant, wenn beispielsweise aus gleichem Volumen verschiedene Fische modelliert werden. Folglich lassen sich in allen Schülerexperimenten nur qualitative Aussagen ableiten. Entschädigt wird man aber durch den fachübergreifenden Aspekt der Versuche.

Praxistipp:
Die Blumenkästen sollten nicht mit Wasser gefüllt transportiert werden. Sie sollten mit einer Gießkanne gefüllt und nach den Versuchen mithilfe eines Schlauches entleert werden (Schlauch mit Wasser füllen, ein Ende in den Blumenkasten, das andere Ende tiefer als der Kasten in einen Eimer halten).

AB 6 „Fallversuche zur Luftwiderstandsmessung“

Die Fallexperimente mit und ohne Seilführung führen direkt zum abstrakten, dimensionslosen c_W-Wert. Die SuS benötigen mehr Zeit, den Versuch zu durchdringen als ihn durchzuführen.

Die Auswertung des Handyfilms geschieht über Einzelbildfolgen (Zeittakt aus der Bedienungsanleitung oder Uhr filmen) und die Wegstrecke (Vergleich mit der Skala an der dicken Schnur).

Schneller und komfortabler, aber nicht so nachhaltig, kann auch Auswertungssoftware verwendet werden, z.B. das Programm Tracker (freeware: www.cabrillo.edu/~dbrown/tracker).

Die „Trackeranleitung“ auf Seite 16 befindet sich zum Kopieren auf der DVD; die SuS können sich das Blatt neben den Rechner legen.

Probleme bei und Lösungen zu den Fallversuchen

1. Der Fallkörper erreicht seine Endgeschwindigkeit nicht

Allgemein gilt: Die Masse des Versuchskörpers steigt mit der 3. Potenz, die Querschnittsfläche mit der 2. Potenz. Bei einem Würfel mit doppelter Kantenlänge beispielsweise haben wir 8 x so viel Volumen (und damit Masse) bei 4-facher Querschnittsfläche.

Anders gesagt: Je kleiner der Körper, desto weniger Masse hat er bei relativ großer Querschnittsfläche. Treten also Probleme auf, die Endgeschwindigkeit zu erreichen, nimmt man kleinere Körper. Bei unseren Versuchen mit Fallhöhen von ca. 10 m erreichten die Styroporautos bei den vorgegebenen Maßen von 200 x 80 x 50 mm^3 nach 1-3 Metern die Endgeschwindigkeit (außer ein Raketenauto mit einer deutlich verkleinerten Stirnfläche).

2. Das Auto kreiselt zu sehr am Faden

Dann hilft nur, den Trinkhalm neu anzukleben. Zwei parallele Trinkhalme und zwei Fäden funktionieren eher nicht; man weiß ja nicht, wie stark und wie lange das Auto gegen die Fäden drückt und deshalb macht es keinen Sinn, Vermutungen über die Gleitreibung anzustellen.

3. Wie misst man die Gleitreibung am Faden?

Am besten mit einem Metallgewicht mit möglichst kleiner Querschnittsfläche an einem schrägen Faden.

4. Womit nimmt man am besten die Filme auf?

Handykameras sind manchmal zu schlecht; billige Digitalkameras mit 30 Bildern pro Sekunde reichen aber gut aus. Bei einer Fallzeit von etwas mehr als 2 s über eine Höhe von ca. 10 m ergeben sie immerhin ca. 60 Bilder, mehr als genug für ein gutes *Zeit-Weg*-Diagramm.

5. Gleitreibung für schräge Fallstrecken

Je nach Örtlichkeiten kann es vorteilhaft sein, eine schräge Fallstrecke zu planen. Dies hat den Vorteil, dass man eine deutlich längere Strecke nutzen kann. Man muss aber Folgendes beachten:

a) Es soll die Endgeschwindigkeit erreicht werden, bei der die Reibungskräfte im Gleichgewicht mit der Hangabtriebskraft ($F_{Hangabtrieb} = m \cdot g \cdot sin\alpha$) sind. Dabei gilt, je steiler die Strecke, desto näher liegt die Hangabtriebskraft an der Gewichtskraft und desto weniger wichtig wird die Gleitreibung am Faden (s. u.).

b) Je weniger steil die Fallstrecke, desto weniger wird der Körper beschleunigt und der Einfluss der Reibung nimmt zu. Um die Endgeschwindigkeit zu erreichen, benötigt man also eine längere Strecke (und damit mehr Höhe).

Geht es senkrecht abwärts bei den Experimenten, drückt der Halm nicht auf die Schnur, sondern fällt gerade. Beim Fallen an einer Schnur kann der Körper aber je nach Luftströmung mehr oder weniger gegen die Schnur drücken. Deshalb müsste noch die Gleitreibungskraft für die Reibung zwischen Schnur und Halm berücksichtigt werden.

Für die **Gleitreibungskraft** gilt: $F_{gleit} = \mu \cdot m \cdot g \cdot cos\alpha$

μ (oder Formelzeichen *f*) hängt von den Materialien ab, der Rest beschreibt den Anteil der Gewichtskraft, der auf die Unterlage drückt.

Hängt die Gleitreibung ab ...

... von der Auflagefläche?	nein
... von der Masse des gleitenden Körpers?	ja
... von der Oberflächenbeschaffenheit?	ja
... von der Geschwindigkeit?	nein

Damit hat die Gleitreibung folgenden Einfluss: Für einen festen Winkel, unter dem ein Körper rutscht, ist sie konstant und verringert damit die beschleunigende Gewichtskraft um einen festen Wert. Wir erhalten beim Fallen nur mit Gleitreibung zwar eine beschleunigte Bewegung, aber die Fallstrecke *s* hängt nicht mehr ab von

$h = \frac{1}{2} g \cdot t^2$ wie beim freien Fall (Erdbeschleunigung $g = 9{,}81\ m/s^2$), sondern von

$h = \frac{1}{2} a \cdot t^2$ mit einer Beschleunigung *a*, die etwas kleiner ist als *g*.

Wenn man die Messungen der Fallhöhen über der Fallzeit in ein Diagramm überträgt, ergibt sich folgendes Bild (h_0 ist die Anfangshöhe):

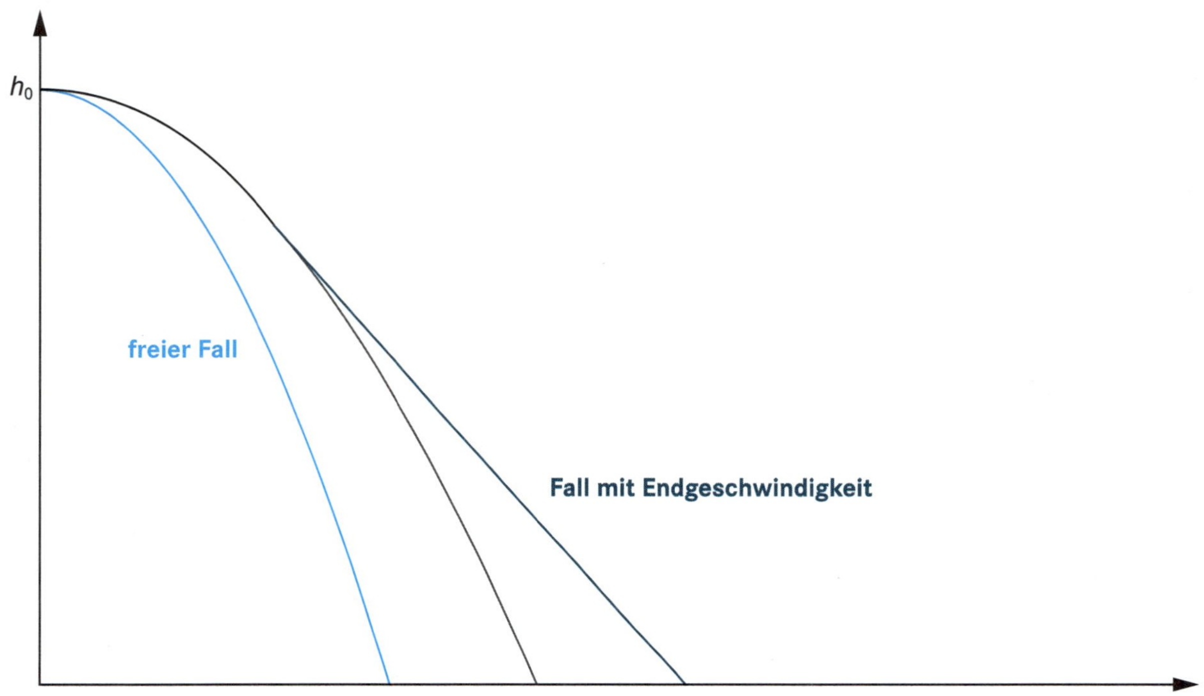

Für den **freien Fall** ergibt sich eine Parabel mit $h(t) = h_0 - ½\, g \cdot t^2$.

Für den **Fall mit Gleitreibung** entsteht eine breitere Parabel mit $h(t) = h_0 - ½\, a \cdot t^2$.

Für den **Fall mit Endgeschwindigkeit** ergibt sich anfangs für niedrige Geschwindigkeiten eine Parabel, die dann in eine Gerade übergeht, deren Steigungsdreieck uns die Endgeschwindigkeit liefert, mit der wir dann über das Kräftegleichgewicht (unter Vernachlässigung der Gleitreibung) den c_w-Wert ermitteln können.

Physikalisches Allerlei zu Beschleunigungen

Folgende Verständnisaufgaben können bei Bedarf im Unterricht gestellt werden.

1. Man unterscheidet zwei verschiedene Arten der Bewegung, die gleichförmige Bewegung und die gleichmäßig beschleunigte Bewegung. Was muss jeweils bei diesen Bewegungsarten für die Kräfte gelten, die auf einen Körper einwirken?

a) Gleichförmige Bewegung:

Damit sich der Bewegungszustand eines Körpers nicht ändert, muss am Körper ein Kräftegleichgewicht herrschen, d.h. die Summe aller angreifenden Kräfte ist Null.

b) Gleichmäßig beschleunigte Bewegung:

Damit sich die Geschwindigkeit eines Körpers gleichmäßig ändert, muss eine konstante Kraft (oder Summe von Kräften) am Körper angreifen.

2. Schreibe die Grundgleichung der Mechanik auf, mit der man die Beschleunigung bei Kräfteeinwirkung auf einen Körper berechnet.

$F = m \cdot a$

mit $a = \frac{v}{t}$ (d.h. die Geschwindigkeitsänderung pro Sekunde)

Trackeranleitung

Tracker
Video Analysis and Modeling Tool

Das Programm Tracker erhält man unter:
www.cabrillo.edu/~dbrown/tracker

Im Tutorial wird erklärt, wie man mit dem Programm *t-h*-Diagramme oder *t-v*-Diagramme für die Geschwindigkeit erstellen kann.
Einfacher ist es, wenn man das Programm nur für folgende Punkte benutzt:

- um den Film des Fallexperiments zu laden (wie üblich unter *Datei öffnen*).
- um die Anzeige für das Bild auf die Zeit umzustellen (Bild 1: links unten auf dem Bildschirm mit der Maus auf die rote 000 klicken, dann auf *Display* und dann auf *Zeit*).
- um den Nullpunkt der Zeit auf das Bild des Films zu setzen, bei dem der Körper losgelassen wird (Bild 2: das schwarze Dreieck unter der Zeitleiste verschieben).
- um mit den Pfeiltasten die Bilder durchzugehen und die Zeiten in das Diagramm zu übertragen, zu denen der Körper eine der Markierungen passiert.

Bild 3 zeigt, wie der Bildschirm bei der Auswertung eines Films aussehen könnte. Links unten sieht man die Zeit, auf der Zeitleiste ist der Nullpunkt der Zeit mit dem kleinen schwarzen Dreieck nach rechts verschoben, das aktuelle Bild zeigt die Fallstrecke nach ca. einer halben Sekunde.

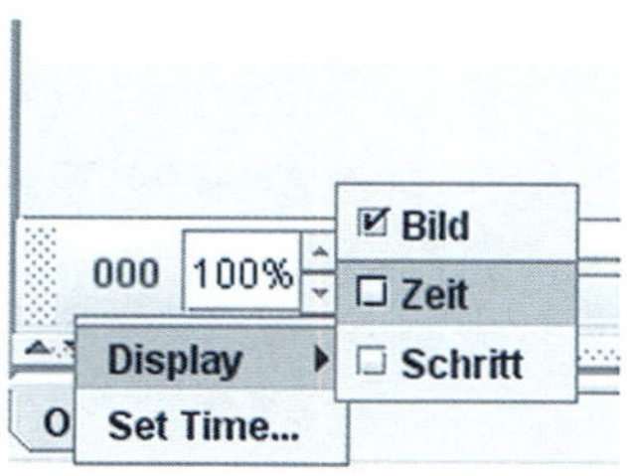

Bild 1

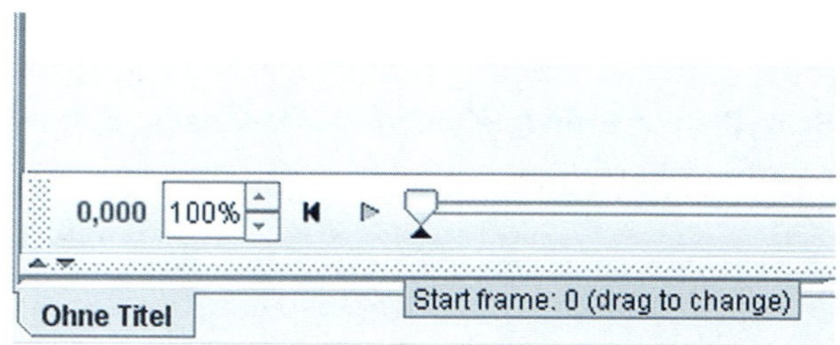

Bild 2

Bild 3

AB 8 „Auf der Suche nach gutem Design“

Die vier genannten Begriffe, die als Kriterien guten Designs ausgewählt wurden:

- Funktionalität
- Klarheit
- Originalität und
- Ganzheitlichkeit

erheben keinen Anspruch auf Vollständigkeit. Sie entstammen auch nicht dem Sprachschatz des Designers. Der würde statt „Originalität“ eher von „Innovation“ sprechen. Im Künstlerjargon wird aus „Ganzheitlichkeit“ vielleicht „Selbstreferenzialität“.

Kurz: Wir haben versucht allgemein verständliche und für SuS geeignete Begriffe zu finden, mit denen sich inhaltlich gut arbeiten lässt. In diesem Sinne sind vergleichbare Begriffe natürlich genauso „richtig“ oder diskussionswürdig.

AB 9 „Entwerfen mit dem Bleistift“

Bitte an dieser Stelle ausnahmsweise nicht mit den Kopien knausern. Es sollen möglichst viele Entwürfe und Überarbeitungen entstehen! Die endgültige Form findet man nur durch Versuch und Irrtum.

AB 10 „Einführung in ein CAD-Programm“

SuS kommen in der Regel sehr gut mit dem CAD-Programm Solid Edge zurecht. Auch helfen die Gruppen sich gegenseitig, da alle SuS ähnliche Fehler machen und Fragen haben. In den meisten Fällen wird also das Schülerarbeitsblatt ausreichen.

Das Programm Solid Edge und alle notwendigen Informationen und Anleitungen finden Sie auf der beiliegenden DVD.

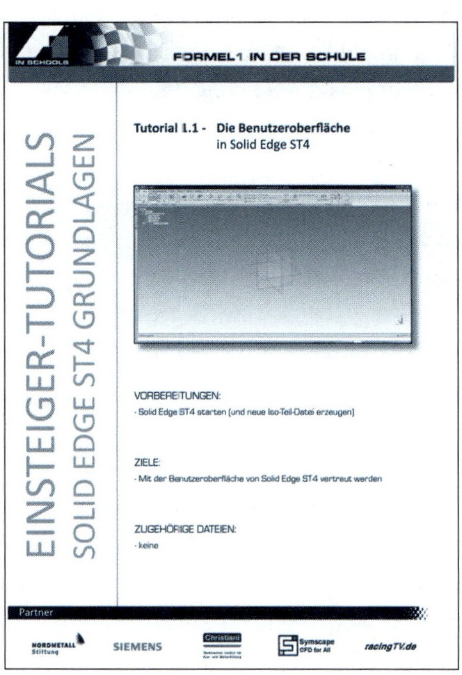
FORMEL1 IN DER SCHULE

EINSTEIGER-TUTORIALS
SOLID EDGE ST4 GRUNDLAGEN

Tutorial 1.1 - Die Benutzeroberfläche in Solid Edge ST4

VORBEREITUNGEN:
- Solid Edge ST4 starten (und neue Iso-Teil-Datei erzeugen)

ZIELE:
- Mit der Benutzeroberfläche von Solid Edge ST4 vertraut werden

ZUGEHÖRIGE DATEIEN:
- keine

Partner

NORDMETALL Stiftung · SIEMENS · Christiani · Symscape CFD for All · racingTV.de

AB 11 „Autos entwerfen – Arbeitsweise von Designern und Ingenieuren“

Die beiden Abbildungen sind als Folien auf der DVD enthalten und können so als Grundlage für ein Unterrichtsgespräch dienen.

AB 12 „Form follows function“

Die Einteilung von Automobilen in One-, Two- und Three-Box-Autos nehmen Designer vor. Die Unterscheidung kann den Musterantworten in den Lösungen entnommen werden. Thematisiert werden kann auch ein nachgeordneter (Un-)Sicherheitsaspekt früherer One-Box-Autos: „Das Knie ist deine Knautschzone.“

AB 13 „Strömungswiderstände am Auto“

Zu 1. Luftballonexperiment zur Erklärung von Druck

Energie ist im Gegensatz zum Druck eine Erhaltungsgröße. Daher ist es günstig, bei Vergleichen/Veränderungen/Prozessen die Energiebilanz zu betrachten. Die SuS kennen den Energieerhaltungssatz aus der Physik, jedoch kennen sie noch nicht viele Energieformen und deren Berechnung.

Bei der Herleitung in a) wird die Volumenarbeit $E_{mech} = p \cdot V$ eingeführt und verwendet. Die Energie (Arbeit) $E = F \cdot s$ kann man den SuS als Analogie erklären:

Zieht man einen Expander mit einer bestimmten Kraft F um eine Länge s auseinander, muss man die Energie $E = F \cdot s$ in dieses System hineinstecken (Arbeit verrichten).

Zu c) und d): Das (ausströmende) Gasvolumen bestimmt die Wegstrecke. Der Zusammenhang zwischen Volumen und Radius eines kugelförmigen Ballons ist $V = 4/3\, \pi \cdot r^3$. Bei doppeltem Radius ist das 8-fache Volumen im kugelförmigen Ballon.

Zu 3. Überlegungen zur Luftströmung um ein Auto

Zusätzlich kann man die Überlegungen für das Three-Box-Auto (siehe Punkt 3) im „Blumenkastenversuch“ (AB 5) unterstützen: Die Über- und Unterdruckgebiete lassen sich durch Bauklötze, die man durch Wasser zieht, experimentell nachvollziehen. Dazu muss klar sein, dass sich aufstauendes Wasser = Überdruck ist, etc.

AB 14 „Strömungen sichtbar machen“

Das Arbeitsblatt bietet eine kurze Einführung in den Begriff und Nutzen von CFD. Die Aufgaben sind auch ohne eine CFD-Software zu bearbeiten.

Möchten Sie mit Ihren SuS tiefer in das Thema einsteigen, bietet sich der folgende Exkurs an.

Exkurs: Arbeiten mit einer CFD-Software

Unter www.symscape.com erhält man für 30 Tage ein kostenloses CFD-Programm mit sehr ausführlichen Tutorials samt Erklärungen. Dazu wählt man das Caedium Professional Gesamtpaket, in dem diverse Add-ons wie Builder, RANS-Flow, Panel-Flow usw. inklusive sind. Zum Registrieren muss man Namen und E-Mail-Adresse angeben und erhält dann per Mail einen Code, der die Software für 30 Tage aktiviert. Das Installationspaket steht für unterschiedliche Betriebssysteme zur Verfügung.

Installationstipps:

- www.symscape.com im Browser öffnen.
- Rechts in der Spalte auf **Free Trials** klicken.
- Rechts in dem Kasten „Buy Caedium Professional" unter dem Kalenderzeichen auf **Free Trial** klicken.
- E-Mail-Adresse und Namen eingeben und im Testfeld die gewünschte Zahl als Ziffer eingeben, nicht mit Buchstaben!
- Danach das passende Installationspaket downloaden, das File für Windows heißt FullCaedium-Setup.exe (notfalls unter More → Downloads → Caedium Product Downloads, dort liegen dann die Installationspakete).

Bitte beachten Sie:

- Beim Installieren des Programms sollte der Computer Internetzugang haben.
- Gute Englischkenntnisse sind für die Tutorials oder die sonstigen Installationsanleitungen notwendig.
- Probleme bei den Tutorials erledigt man am besten, indem man von vorn beginnt.

Die Software von Symscape geht in ihren Möglichkeiten deutlich über den aerodynamischen Hintergrund der Unterrichtseinheit hinaus und bietet sich damit für die GFS (Gleichwertige Feststellung von Schülerleistungen) oder längerfristige eigenständige Schülerarbeiten an. Im Unterrichtsverlauf empfiehlt es sich dagegen eher, mit den SuS einzelne Tutorials durchzugehen, nachzubauen und das Ergebnis qualitativ zu besprechen.

Besonders empfehlenswert ist der Screencast mit englischen Erklärungen zum „pipe in a box tutorial", man kann Klick für Klick das ganze Tutorial nachmachen: http://www.symscape.com/examples/rans/screencast-pipe-box-flow

AB 16 „Ein Automodell aus Ton gestalten"

Für den Bau des Automodells sollten fertige/gekaufte Räder zur Verfügung gestellt werden, da sich Räder aus Ton schlecht gestalten lassen (Vorschlag: Durchmesser von 43 mm).

AB 17 „Ein Automodell aus Styropor herstellen"

Genauere Hinweise und Hilfen zu den Fallversuchen finden Sie auf Seite 12 bei den Lehrerinfos zu AB 6.

Die Querschnittsfläche kann je nach Autoform einfach als Rechteck bestimmt werden. Bei abgerundeten Autos sollen die SuS die Fläche annähern (je nach Fertigkeit dann auch mit dem Rundungsradius). Die SuS können meist nachvollziehen, dass ein „runderes" Auto viel kompliziertere Strömungen ergibt als ein „eckiges"; das wäre schon das erwünschte Ziel.

Zum Schneiden der Teile muss den SuS eine Styroporschneidemaschine zur Verfügung stehen.

AB 18 „Design und Aerodynamik – NwT-Klassenarbeit"

Nachstehend einige Vorschläge für eine schwierigere Klassenarbeit in leistungsstärkeren Klassen:

Aufgabe 1

Erkläre anhand der Formel für die Luftwiderstandskraft, wie man ein möglichst gutes Raketenauto baut.

Aufgabe 2

Erkläre anhand der Formel für die Luftwiderstandskraft, wie man den Luftwiderstand eines handelsüblichen Pkws optimiert und warum man den Luftwiderstand nicht noch geringer machen kann.

Aufgabe 3

Erkläre, wie beim Fahrradfahren deine Höchstgeschwindigkeit von der Leistung abhängt, mit der du die Pedale treten kannst. Betrachte bei der Reibung nur den Luftwiderstand.

Aufgabe 4

„Form follows function": Erkläre dieses grundlegende Designprinzip in drei bis vier Sätzen anhand von Beispielen je eines One-Box-, Two-Box- und Three-Box-Autos.

Diese Lösungsvorschläge geben in Kurzform einen Überblick über mögliche Antworten:

Zu Aufgabe 1

Für ein möglichst gutes Raketenauto muss man die Stirnfläche minimieren. Dabei muss man den Motor bzw. die Turbinen, den Fahrersitz und die Räder berücksichtigen! Wenn man direkt von vorn auf das Raketenauto schaut, muss es also eine kleine Fläche ohne Ecken und Kanten oder vorstehende Teile (Außenspiegel oder dergleichen) aufweisen. Der c_w-Wert wird optimiert über eine sehr langgestreckte Form ohne Ecken und Kanten.

Zu Aufgabe 2

Im Prinzip gilt die Antwort zu Aufgabe 1. Eine Antwort auf die Variablen, von denen der Strömungswiderstand abhängt, gibt auch Aufgabe 1 in Arbeitsblatt 15.

„Optimierungsproblem" bei einem handelsüblichen Pkw ist u. a. der Anspruch der Nutzer z.B. nach Bequemlichkeit: man will aufrecht und nebeneinander sitzen (und nicht vier Personen hintereinander). Mit Rädern, zwei Sitzen nebeneinander, der Höhe für aufrechtes Sitzen und Seitenspiegeln erhält man die minimale Stirnfläche für ein „normales" Auto. Mit einem „Raketenauto" könnte man auch schlecht um Kurven fahren oder einparken.

Zu Aufgabe 3

Formel: $\frac{P = F \cdot s}{t = F \cdot v}$

Die bremsende Kraft ist die Luftwiderstandskraft; um nicht langsamer zu werden, muss der Fahrradfahrer genau diese Kraft aufbringen. Mit der Formel für die Luftwiderstandskraft erhält man $P \sim v^3$ („Leistung ist proportional zu Geschwindigkeit hoch 3"). Beispiel: bei doppelter Geschwindigkeit muss man mit achtfacher Leistung treten, um gleich schnell zu bleiben.

Zu Aufgabe 4

Mögliche Antworten auf diese Frage bieten die Arbeitsblätter 2, 8, 12 und 15.

CAD-Aufgaben

Wenn Sie eine CAD-Aufgabe stellen, sollten einige Maße und die Zeit zur Bearbeitung vorgegeben werden. Je nach Vorwissen und Altersstufe sind mehr oder weniger restriktive Angaben sinnvoll. Die Aufgaben sind nach Schwierigkeit gestaffelt und werden auch danach benotet.

Konstruieren mit CAD

Wähle von den folgenden Aufgaben mit ansteigendem Schwierigkeitsgrad eine aus, die du in 15 Minuten am Rechner unter Aufsicht bearbeiten kannst. Die Zeit reicht maximal für eine Aufgabe. Beachte außerdem: Die Hauptskizze muss bemaßt werden. Als Referenzebene für den Boden des Fahrzeugs ist eine Referenzebene im Programm zu wählen. Speichere deine Ergebnisse unter „meinName_Datum.par" im Order NwT.

1. Konstruiere entweder ein One-Box-, ein Two-Box- oder ein Three-Box-Auto ohne Räder.
Maßstab 1:50, Autolänge 3,6 m, Autobreite 1,9 m, Autohöhe 1,65 m.
Vergiss Stoßstangen, Achsbohrungen und Radkasten nicht. Verrunde alle Kanten.

Wähle eine realistische Radgröße von _______ mm.
(10 Punkte)

2. Konstruiere ein Three-Box-Auto mit Rädern, die fest mit dem Chassis verbunden sind.
Maßstab 1:125 mit der Länge 4,5 m, einer Breite von 2 m und der Höhe 1,95 m. Die Windschutzscheibe soll zur Horizontalen einen Winkel von 65° beschreiben. Der Kofferraum soll ein Mindestvolumen von 1,8 m³ haben. Vergiss Stoßstangen, realistische Rückspiegel und Radkasten nicht. Verrunde mindestens eine Kante mit variablem Radius.

Wähle eine realistische Radgröße von _______ mm.
(15 Punkte)

3. Konstruiere einen Formel-1-Rennwagen (Länge L, Breite B, Höhe H; mögliche Maße siehe weiter unten) im Maßstab 1:10 mit Front- und Heckspoilern („Flügeln"), Seitenkästen (massiv, Ansaugöffnungen sollten aber angedeutet sein) und Platz für den Piloten.

Wähle eine realistische Größe für den Piloten von _______ m.
Beachte, dass der Motor einen Platz von 0,125 m³ beansprucht und zeichne diesen auf der Hauptskizze bemaßt ein.
(20 Punkte)

Maße eines Formel-1-Rennwagens
maximale Breite: 1800 mm
maximale Höhe: 950 mm
Mindestgewicht : 600 kg

Heckflügel: 1000 mm (B) - Endplatten 800 mm (H) - mind. 300 mm Abstand zur Fahrbahn. Die maximale Höhe des Heckflügels beträgt 80 cm, gemessen von der Referenzebene. Der Heckflügel darf maximal vier Flügelelemente aufweisen, wobei ein Element auf die untere und drei auf die obere Ebene entfallen. Gemessen von der Referenzplatte muss das untere Flügelelement in einem Fenster zwischen 300 und 375 mm und die oberen Flügelelemente in einem Fenster zwischen 600 und 800 mm liegen.

Frontflügel: 1400 mm (B) - Endplatten max. 300 mm (H) - 100 mm Abstand über der Referenzebene.

Mittelteil mit Seitenkästen: 1400 mm Mindestbreite.
Für die Dicke der Chassiswände sind mindestens 3,5 mm vorgeschrieben. Davon entfallen 2,5 mm auf einen aus Kevlar® (Aramidfaser mit sehr hoher Zugfestigkeit) gefertigten Mantel. Zwischen den Achsen darf die Chassisbreite 1400 mm nicht überschreiten, das Gleiche gilt für den Frontflügel. Die maximale Höhe des Autos beträgt 950 mm, gemessen vom tiefsten Punkt des Fahrzeugs beziehungsweise von dessen Referenzebene.

Cockpit:
- 300 mm Abstand zwischen Schuhsohle Fahrer und Monocoque (einschalige selbsttragende Karosserie)
- 50 mm Mindestabstand zwischen Lenkrad und Cockpitöffnung
- 550 mm Höhe - 850 mm Länge
- 300 x 300 mm Querschnittsabmessung (eine Schablone muss exakt in die Cockpitöffnung passen)
- Die Dicke des Kopf- und Nackenschutzes muss mindestens 75 mm betragen. Die Länge des Cockpits beträgt 850 mm.
- Der vordere Fußraum muss ausgepolstert sein. Die Mindestdicke beträgt hier 25 mm.

Alle Teile des Unterbodens, die weiter als 25 cm von der gedachten Mittellinie des Autos entfernt sind (gemessen von einem Punkt 33 cm hinter der Vorderachse bis zum hintersten Teil des Fahrzeugs), müssen mindestens 5 cm oberhalb der Referenzebene liegen (Stufe im Unterboden).

Reifen: Regenreifen Durchmesser 670 mm, bei Trockenheit 660 mm.

1 Wie wir uns Autos denken und gestalten

Vorüberlegungen

Täglich sind wir von einer Vielzahl von Autos umgeben. Ihr Erscheinungsbild hängt nicht nur vom Gestaltungswillen der Designer ab, sondern es wird durch die Funktion der Fahrzeuge und durch aerodynamische Grundlagen bestimmt. Verschiedene Fahrzeugtypen haben sich dabei im Lauf der Automobilgeschichte durchgesetzt und prägen unsere Vorstellungen.

1. Forme ein ca. 20 cm langes Auto aus Ton.

Bevor du beginnst, mache dir die Nutzung des Fahrzeuges klar. Diese muss später der fertigen Tonmaquette anzusehen sein. Eine Maquette ist ein kleinformatiger Entwurf, ein Modell. Räder werden nur angedeutet, das Auto steht auf seinem Unterboden.

Die Bearbeitungszeit beträgt maximal eine Stunde. Nach der Fertigstellung wird das Auto von mehreren Seiten fotografiert. Achte dabei auf einen guten Kontrast zum Hintergrund. Der Ton kann wiederverwendet werden (etwas anfeuchten und luftdicht in Folie packen).

2. Betrachte die Fotos aller entstandenen Modelle.

a) Sieht man den Modellen an, für welche Nutzung sie geeignet sind? Begründe exemplarisch für drei der entstandenen Arbeiten.

b) Gruppiere die entstandenen Entwürfe zu Fahrzeugtypen.

Limousine:

Van:

Kleinwagen:

Lkw:

Kombi:

Coupé:

c) Gibt es Modelle, die sich keinem bekannten Fahrzeugtyp zuordnen lassen?
Wenn ja: Wer kommt als Käufer dieses Fahrzeuges infrage?
Wenn nein: Warum ist niemand auf eine ganz neue Idee gekommen?

3. Drei Fahrzeugtypen stellen sich vor: Limousine, Van und Kleinwagen. Formuliere einen kleinen Text, in dem zuerst das Auto und dann der Fahrer zu Wort kommt.

a) Das Auto kommt zu Wort und erklärt, was es seinem Käufer verspricht.

Limousine:

Kleinwagen:

Van:

b) Der Fahrer erklärt, wer er ist und was er von seinem Fahrzeug erwartet.

Fahrer einer Limousine:

Fahrer eines Kleinwagens:

Fahrer eines Vans:

2 Wie sich Fortbewegung und Lebensraum beeinflussen

Vorüberlegungen

Bestimmte Fische haben sich im Laufe der Evolution, auch durch die Art ihrer Fortbewegung, an bestimmte Lebensräume angepasst. Wir suchen Parallelen zu den Einsatzgebieten verschiedener Automobile.

1. Beschreibe den Lebensraum der drei abgebildeten Fischarten. Inwiefern ist die Fortbewegung für die Erschließung des Lebensraumes optimiert?

Kofferfisch	Wal	Hai
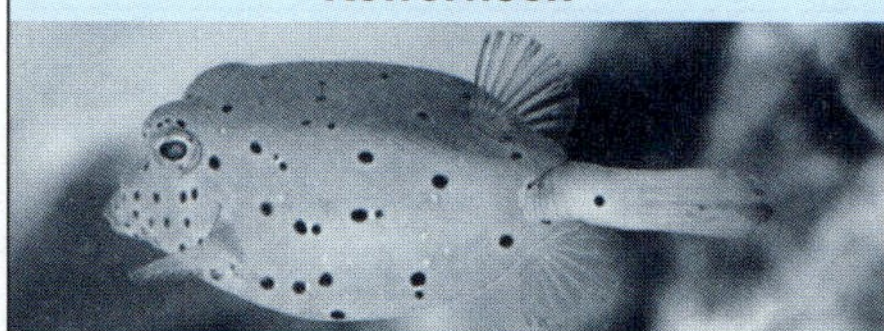		
Lebensraum: Riffe; wendig, passt in kleine Spalten, langsam	Lebensraum: Weltmeere; 30 km/h, meist konstante Geschwindigkeit, großes Volumen	Lebensraum: Weltmeere; 50 km/h, kann gut beschleunigen

2. Wo und wie können die gezeigten Automodelle am besten eingesetzt werden?

Viano	SLS AMG	Smart

Familientransporter, großes Ladevolumen, mittlere Autobahngeschwindigkeiten	schnell, gute Beschleunigung, relativ geringes Platzangebot	Stadtauto, passt in kleine Parklücken, ist aber nicht besonders schnell

3. Ordne zu: Welche Parallelen siehst du bei den Fischen und den Autos?

3 Luftwiderstand beim Fahrradfahren

Erinnere dich:
Was spürst du, wenn du mit dem Fahrrad fährst?

1. Wenn du sehr schnell mit dem Fahrrad fährst, kannst du den Fahrtwind und den Antrieb durch das Treten spüren. Beschreibe dies mit eigenen Worten.

2. Stell dir vor, du bist auf dem Fahrrad schnell einen Berg heruntergerollt und befindest dich nun auf einer langen, flachen Geraden. Was machst du, um ohne zu treten möglichst lange in Fahrt zu bleiben?

3. Wann spürst du den Fahrtwind stärker: wenn du schnell oder wenn du langsam fährst? Formuliere einen „je-desto"-Satz über die Abhängigkeit des Luftwiderstands von deiner Geschwindigkeit.

4. Ein Schüler fährt gleichmäßig mit dem Fahrrad (15 km/h) und hat eine Leistung von 80 W. Ein gut trainierter Radrennfahrer hat eine Leistung von 400 W und erreicht eine Dauergeschwindigkeit von 40 km/h.
Übertrage die Geschwindigkeiten in das Diagramm. Eine Glühlampe symbolisiert 40 W. Zeichne die Kurve und überlege, warum die Geschwindigkeit nicht linear ansteigt.

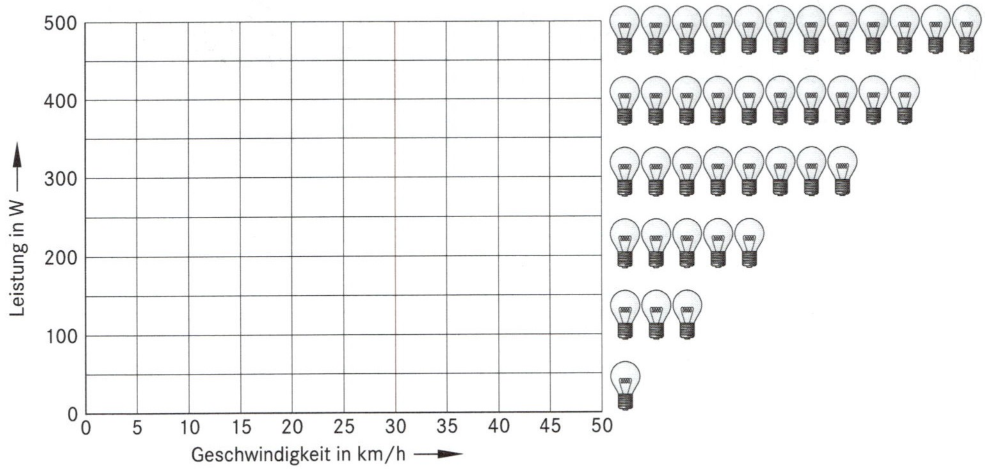

40 W

4 Strömungswiderstände in Abhängigkeit von der Fläche

Versuch zur Flächenabhängigkeit des Strömungswiderstandes in Luft

Versuchsbeschreibung:
Wir untersuchen, wie der Strömungswiderstand F_W (der Index W steht für „Widerstand") bei gleicher Anströmgeschwindigkeit des Mediums (hier Luft) von der Fläche A abhängt.

Material:
Akkubohrschrauber, Schraubendreher, Ringschlüssel M4, 1 Holzbrett (30 cm x 15 cm x 2 cm), Schraube M4 (5 cm), Bohrer, Senker, Holzstab (40 cm x 1,5 cm x 1,5 cm), 2 Schrauben M4 (3 cm), 5 Muttern, Pappkarton, Fön, Stativmaterial, Zollstock, Federkraftmesser, Schnur.

Versuchsaufbau Seitenansicht:

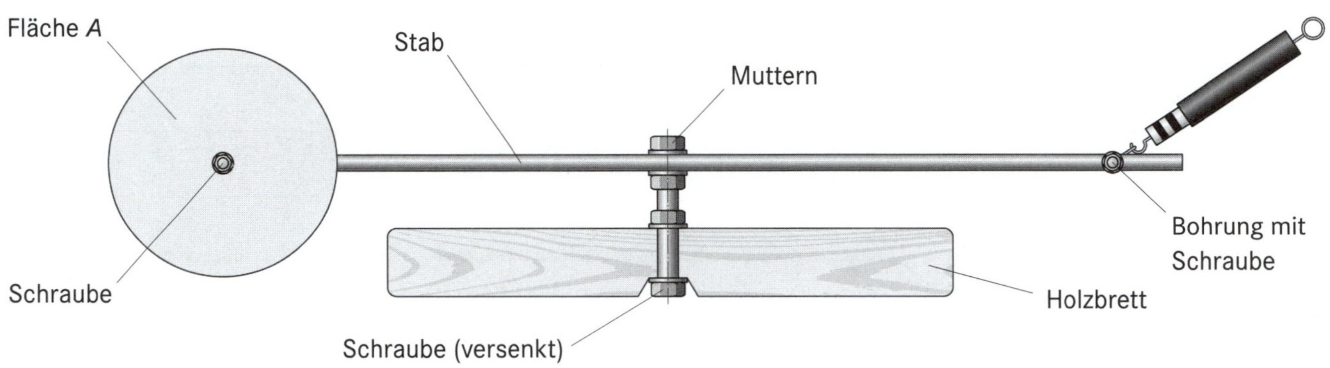

- Zeichne zuerst von oben die Diagonalen auf dem Brett ein.
- Bohre dann „mittig" durch das Brett (Unterlage verwenden).
- Bohre das untere Loch mit einem Senker kegelförmig auf.
- Stecke die Schraube durch und fixiere sie oben mit einer Mutter.
- Durchbohre den Holzstab mittig.
- Drehe den Holzstab um 90 Grad und durchbohre ihn jeweils 2 cm vor dem Ende.
- Fixiere den Holzstab (s. Skizze), aber zieh die obere Schraube nur so fest an, dass sich der Stab noch sehr leicht drehen lässt.
- Nun werden durch die äußeren Löcher Schrauben gedreht, wobei auf der linken Seite die Scheibe aus Karton festgeschraubt wird und rechts der Federkraftmesser gegengleich eingehängt wird.

Beim Versuch muss die Anströmgeschwindigkeit der Luft vergleichbar sein, weshalb der Abstand des Föns gleich gehalten werden muss und der Winkel überall senkrecht sein sollte. Auch muss die angeströmte Fläche A deutlich kleiner sein als der Luftkegel des Föns.

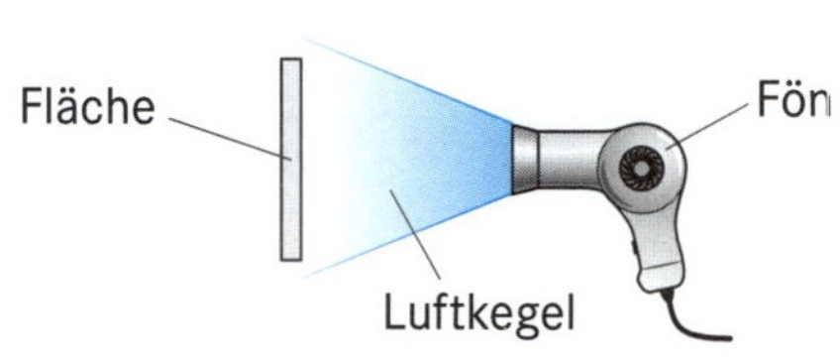

Von jedem Vorgang werden drei Versuche gemacht, der Mittelwert bestimmt und alle Ergebnisse in die Tabelle (Messprotokoll) auf der nächsten Seite eingetragen.

Versuchsaufbau Draufsicht:

Konstant: Länge der Strecke *s* (Luftstrom und Fläche stehen immer senkrecht) = ______________ cm

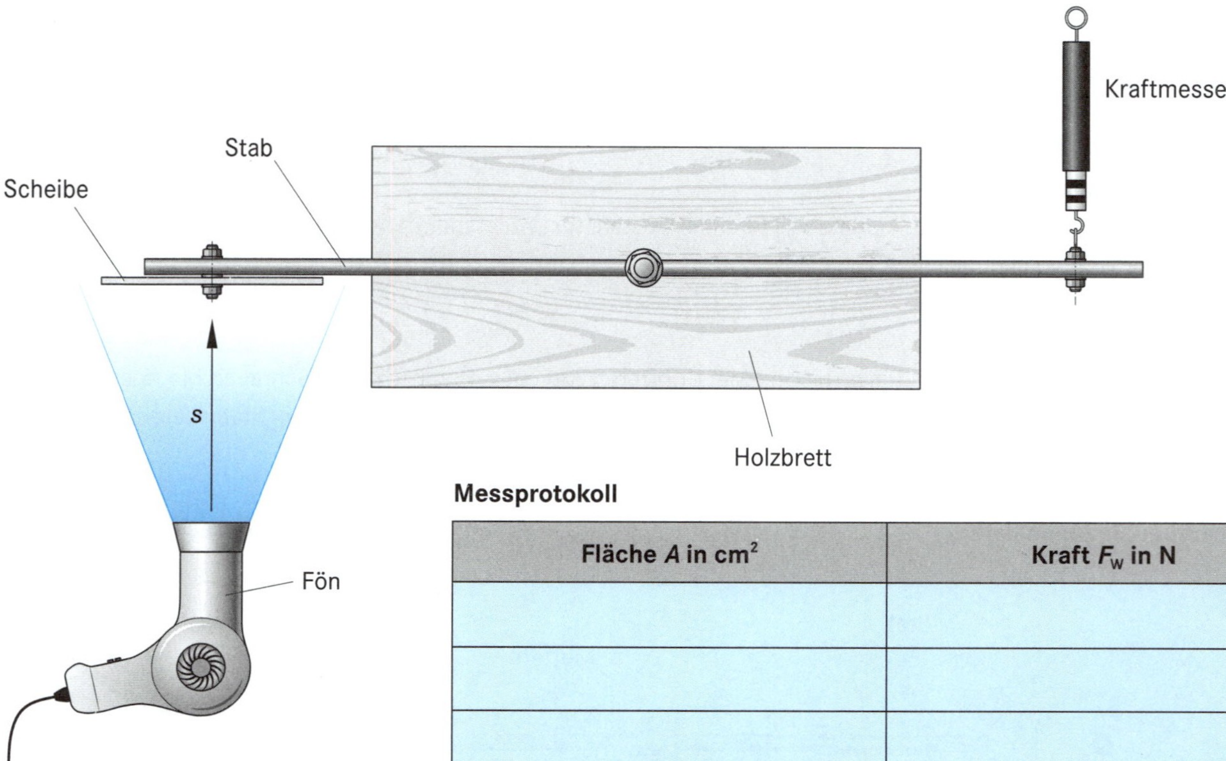

Messprotokoll

Fläche A in cm^2	Kraft F_W in N

Aufgaben

1. Stelle die Abhängigkeit in einem F_W-A-Diagramm dar.

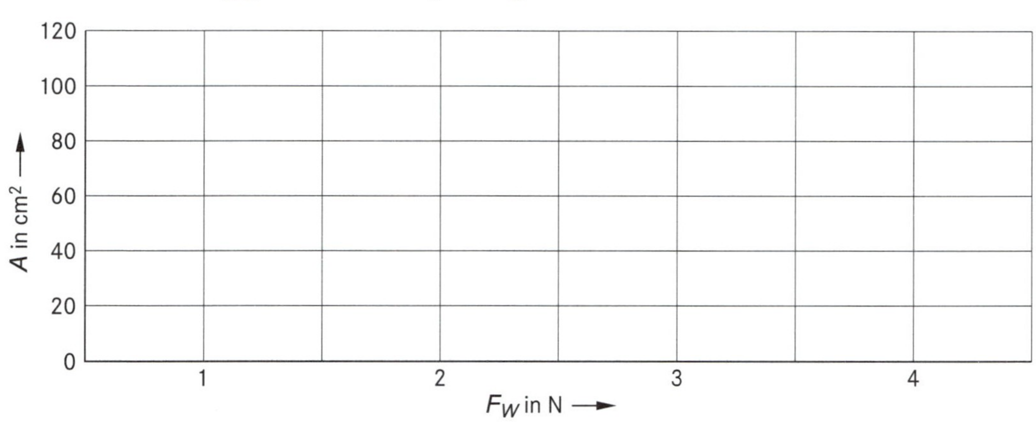

2. Formuliere den Zusammenhang.

____

3. Nenne zwei Beispiele aus dem Alltag, aus denen dieser Zusammenhang deutlich wird.

____

____

5 Strömungswiderstände in Abhängigkeit von der Form

Strömungswiderstand in Wasser: geometrische Formen

Material:
Knete, Stoppuhr, Zylinder aus Plexiglas/Glas mit Deckel, Haken, Hakengewicht, Schnur, Trinkhalm.

Versuchsbeschreibung:
- Schließe den Zylinder nach unten mit dem passenden Deckel ab.
- Befestige am Hakengewicht eine Schnur, welche senkrecht nach oben gezogen werden kann.
- Forme die Knete nach den folgenden Angaben (Formen und Maße) und stoße in der Mitte ein Stück Trinkhalm durch, damit die Führung nur wenig Reibung hat.
- Die Halbkugeln erhält man durch Teilung der Kugel.
- Führe den Faden durch die Form, befestige ihn mittig-oben und halte die Form genau in Höhe des Wasserspiegels.
- Nach dem Loslassen ist die Sinkdauer t_{Sink} zu bestimmen.

Formen:

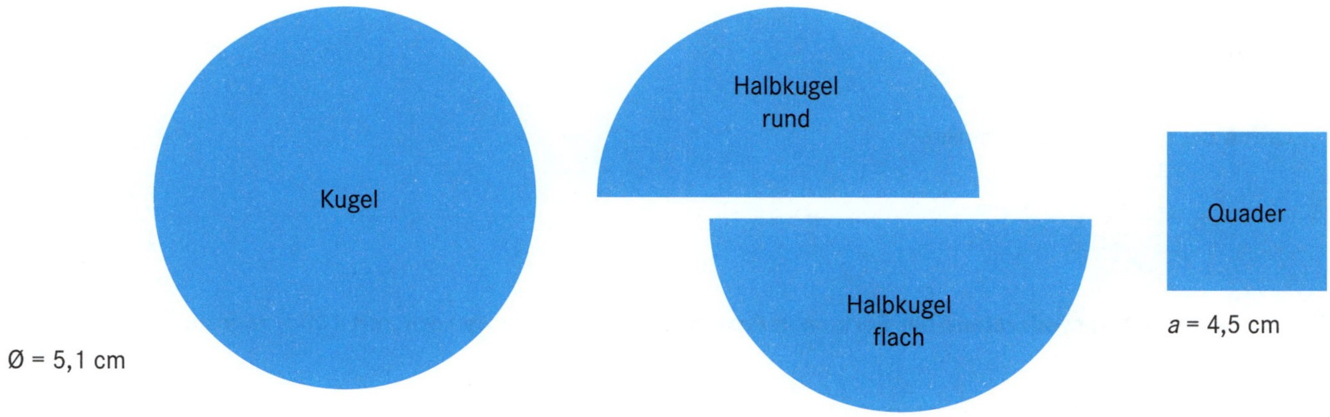

Versuchsaufbau:

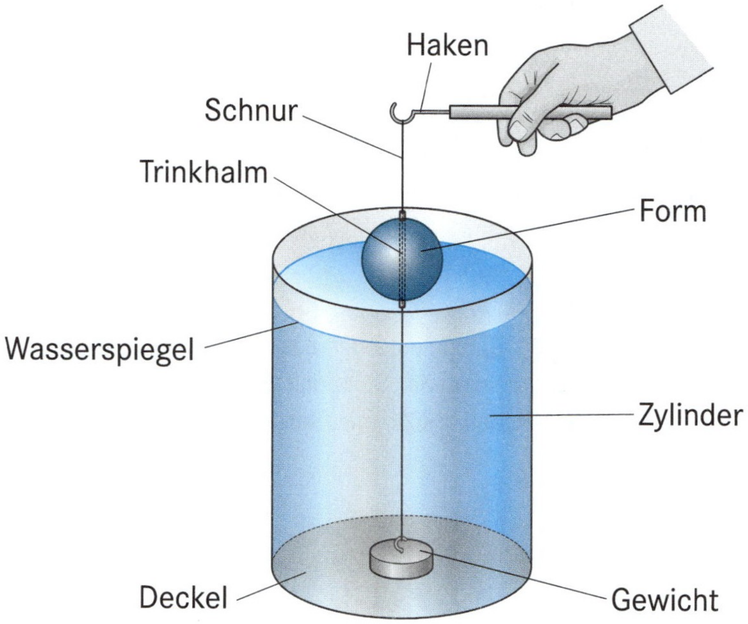

Versuchsdurchführung:

a) Bereite die vier Formen vor. Ermittle die zugehörigen Sinkzeiten t_{Sink} zum Durchlaufen der Strecke *s* dreimal und trage die Zeiten in die Tabelle ein.

b) Bilde den Mittelwert und trage diesen ein.

Konstant: Anströmfläche $A = 20\ cm^2$ (gerundet)

Form	Strecke in cm	Zeit 1 in s	Zeit 2 in s	Zeit 3 in s	Mittelwert in s
Kugel					
Halbkugel rund					
Halbkugel flach					
Quader					

Aufgaben

1. Ordne die Formen nach Sinkzeit.

2. Gib den Strömungswiderstand der Formen in Prozent an. Lege die beste Form mit 100 % zugrunde.

Strömungswiderstand in Wasser: Formen der Natur

Vorüberlegungen

Die Natur hat für die Fortbewegung im Wasser optimale Formen ausgebildet.
Nun wird untersucht, wie bei gleichem Volumen die Strömungswiderstände von der Form beeinflusst werden.

Material:

Schwimmknete (ca. 200 ml), Hakengewicht (10 g - 20 g), Blumenkasten aus Kunststoff (0,8 m - 1 m), Bindfaden, Akkubohrschrauber, Bohrer (4 mm), 2 Zahnstocher, 2 Rollen, Stativmaterial, Stoppuhr, 2 Gummibänder (die dazu dienen, die Start- und Zielposition = Bugspitze genau festzulegen), Tischklemmen, Gießkanne, Schlauch, Eimer.

Versuchsbeschreibung:

- Bohre in mittlerer Höhe seitlich zwei Löcher in den Blumenkasten, welche ca. 2 cm weniger Abstand haben als der Zahnstocher lang ist.
- Befestige vor dem Blumenkasten mittels Tischklemmen zwei Rollen, welche den gleichen Abstand wie die Bohrungen haben und parallel zum Kasten verlaufen.
- Lass über beide Rollen einen Bindfaden laufen, welcher im Kasten und nach den Rollen an den Enden des Zahnstochers befestigt wird.
- Innen wird der Zahnstocher fest an die Schwimmknete gedrückt und außen wird bifilar (an zwei Fäden) ein kleines Gewicht angehängt, um die Knete zu ziehen.
- Spanne die beiden Gummibänder über den Kasten. Sie kennzeichnen die zurückzulegende Strecke *s* vom „Bug“ des Schwimmkörpers aus gemessen.
- Der Kasten wird bis beinahe in Lochhöhe aufgefüllt und später durch den Schlauch sicher geleert (Schlauch füllen, beide Enden mit Daumen zuhalten, ein Ende in den Kasten, das andere Ende in den Eimer am Boden halten, Daumen wegnehmen).

Versuchsaufbau Querschnitt:

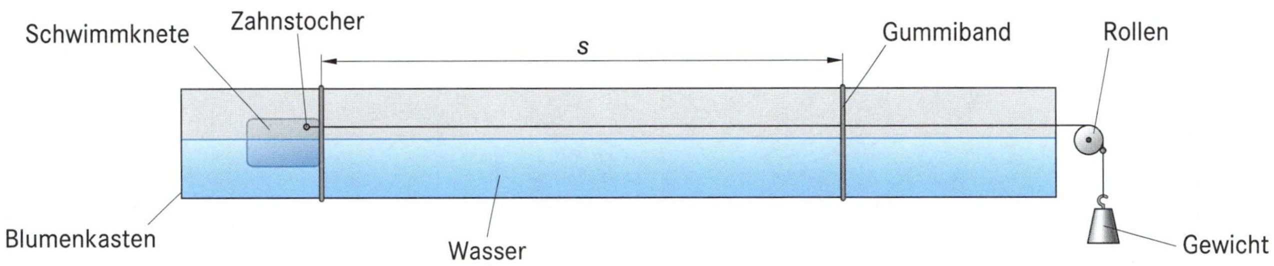

Draufsicht:

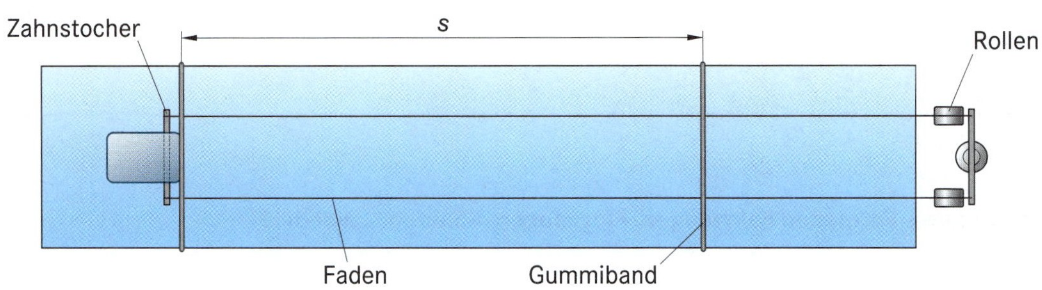

Frontansicht:

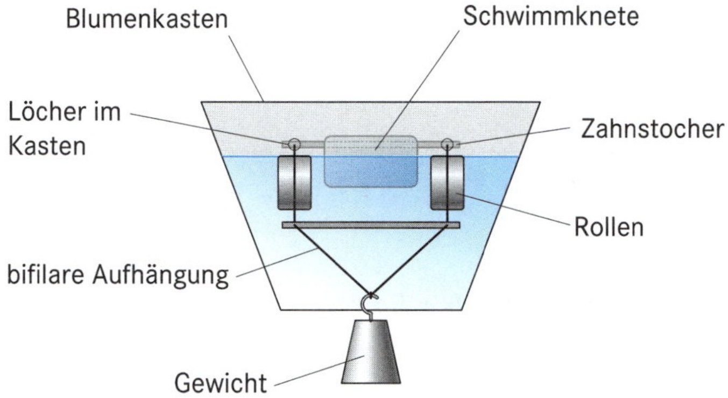

Versuchsdurchführung:

Bei allen Versuchen soll die Masse/das Volumen der Schwimmknete gleichbleiben.

a) Forme einen Kofferfisch, einen Wal, einen Hai und ermittle die zugehörigen Zeiten *t* zum Durchlaufen der Strecke *s*.

b) Finde eigene Formen, von welchen du glaubst, dass sie schneller sein können.

Konstant: Masse des Beschleunigungsgewichtes = ______________ g

Länge der Strecke *s* (immer an der Körperspitze gemessen) = ______________ cm

Form	Strecke in cm	Zeit 1 in s	Zeit 2 in s	Zeit 3 in s	Mittelwert in s
Kofferfisch					
Wal					
Hai					
beste Eigenform					

Aufgaben

1. Interpretiere die Ergebnisse der Fischformen.

____

____

2. Wo findest du diese Formen in Fahrzeugen, Flugzeugen, Schiffen, ... wieder?

____

____

3. Weshalb besitzen unsere Autos nicht diese Form?

____

____

4. Interpretiere die Ergebnisse deiner eigenen Form im Vergleich mit den anderen Formen.

____

____

6 Fallversuche zur Luftwiderstandsmessung

Vorüberlegungen

Fallschirmspringer beschleunigen zunächst und erreichen im Fallen eine maximale Geschwindigkeit. Dann ist der Luftwiderstand F_W, der den Fallschirmspringer bremst, gleich groß wie die Gewichtskraft F_G, die ihn zur Erde zieht: $F_W = F_G$.

1. In welcher Lage fallen die Fallschirmspringer schneller? Begründe die Antwort.

2. Leichte Körper mit einem großen Luftwiderstand erreichen bei kleinen Fallhöhen ihre Endgeschwindigkeit. Nennne mindestens drei Beispiele.

Fallversuche ohne Seil

Versuchsbeschreibung:
Ein leichter Ball (Luftballon, Gummiball) wird aus unterschiedlichen Höhen (50 cm, 1 m, 2 m und 3 m) fallengelassen und die Fallzeit mit der Stoppuhr gemessen. Alternativ kann man den Fall auch filmen und die einzelnen Bilder auswerten. Beobachte die Geschwindigkeit und beantworte folgende Fragen.

Lass die Körper in eine gepolsterte Kiste fallen oder auf einen Stapel Jacken, damit nichts kaputt geht!

a) Beschreibe die Geschwindigkeit während des Fallens.

b) Notiere hier deine gemessenen Werte.

c) Lassen wir einen kleinen, schweren Körper (Golfball, Flummi) fallen, so braucht der Körper für gleich lange Strecken immer weniger Zeit, er wird also immer schneller.

Begründung: ______________________________

____

____

d) Ergänze: Lassen wir einen großen, leichten Körper (Luftballon) fallen, so braucht der Körper für gleich lange

Strecken immer ______________ Zeit, bleibt also immer ______________.

Begründung: ______________________________

____

____

e) Sortiere die folgenden Gegenstände danach, wie stark sie im Fallen von der Luft gebremst werden. Gib dem Körper, der am stärksten gebremst wird, die Ziffer 1 und fahre fort bis zur Ziffer 8.

- Styroporkugel
- Fußball
- zusammengeknülltes Papier
- mit Silikon gefüllter Tennisball
- Luftballon
- Golfball
- Tennisball
- kleine Stahlkugel

Begründung: ______________________________

____

____

____

Luftwiderstandskraft (allgemein die Strömungswiderstandskraft F_W)
Der Strömungswiderstand ist von der Querschnittsfläche A des Körpers, seiner Form und der Geschwindigkeit v abhängig. Damit ergibt sich für die Kraft F_W, die den Körper bremst:

Luftwiderstandskraft: $F_W = \frac{1}{2} \cdot c_w \cdot \rho_L \cdot A \cdot v^2$ (ρ_L: Dichte der Luft)

Der sogenannte c_w-Wert hängt von der Form des Körpers ab. Er ist umso größer, je mehr Kraft (Energie) die Luft benötigt, um um einen Körper herumzufließen.
Der c_w-Wert wird experimentell über Windkanalmessungen bestimmt oder über Computersimulationen von Strömungen berechnet. Im Windkanal wird die Luftwiderstandskraft gemessen; bei bekannter Querschnittsfläche (Stirnfläche) A, der Luftdichte ρ_L und der (im Windkanal eingestellten) Luftgeschwindigkeit lässt sich die Formel nach dem c_w-Wert auflösen.

Fallversuche mit Styroporkörpern am Seil

Versuchsbeschreibung:
Wir bestimmen in Teams zu drei Personen experimentell den c_w-Wert für einige einfache geometrische Grundformen: Kugel, Würfel, Halbkugel (rund, von vorne), Halbkugel (flach, von hinten).

Material:
Angel- oder Drachenfliegerschnur, Trinkhalme, verschiedene Styroporkörper (Würfel, Kugel, Halbkugel), Waage, Handy oder Digitalkamera, Computer mit Tabellenkalkulationsprogramm und Tracker (o.ä. Videoauswertung), Paketschnur und Klebeband.

Lasst die Körper z.B. im Schultreppenhaus herunterfallen. Damit sie sich im Fallen nicht drehen, lasst sie an einem Trinkhalm, der mittig durch die Styroporkörper gestochen wird, gerade nach unten rutschen. Als Führungsschnur verwendet man eine glatte, unelastische Schnur.
Als Skalierung wird daneben eine dickere Schnur gespannt, welche alle 50 cm eine deutliche Markierung hat (im Bild blau). Filmt man diesen Fall, kann auf den einzelnen Bildern die zurückgelegte Fallhöhe bestimmt werden.
Günstige Anordnung:

- Eine Person steht ca. auf halber Höhe und filmt. Sie beginnt zu filmen und gibt dann das Startzeichen.
- Die zweite Person steht oben und lässt nach Aufforderung den Versuchskörper fallen.
- Die dritte Person sorgt unten für die Seilspannung.

Der Versuchskörper kann an der Paketschnur wieder hochgezogen werden (Klebeband), ohne dass der Trinkhalm aus der Führungsschnur entfernt werden muss. So kann man drei bis fünf Messungen schnell hintereinander durchführen und filmen.

Info

Für Fallexperimente benötigt man viele Daten zur Fallstrecke und der dazugehörenden Fallzeit. Das ist langwierig und umständlich. Mit technischen Hilfsmitteln wie z.B. Lichtschranken geht es etwas schneller. Am schnellsten geht es jedoch, wenn man den Fall filmt (Handy, Videokamera) und entweder aus der Einzelbildfolge oder mithilfe von Videoauswertungssoftware diese Datenpaare ermittelt.
Die Daten werden in eine Tabelle eingetragen und daraus Zeit-Weg-Diagramme erstellt.

Versuchsdurchführung:

Zeit *t* in s	Höhe *h* in m

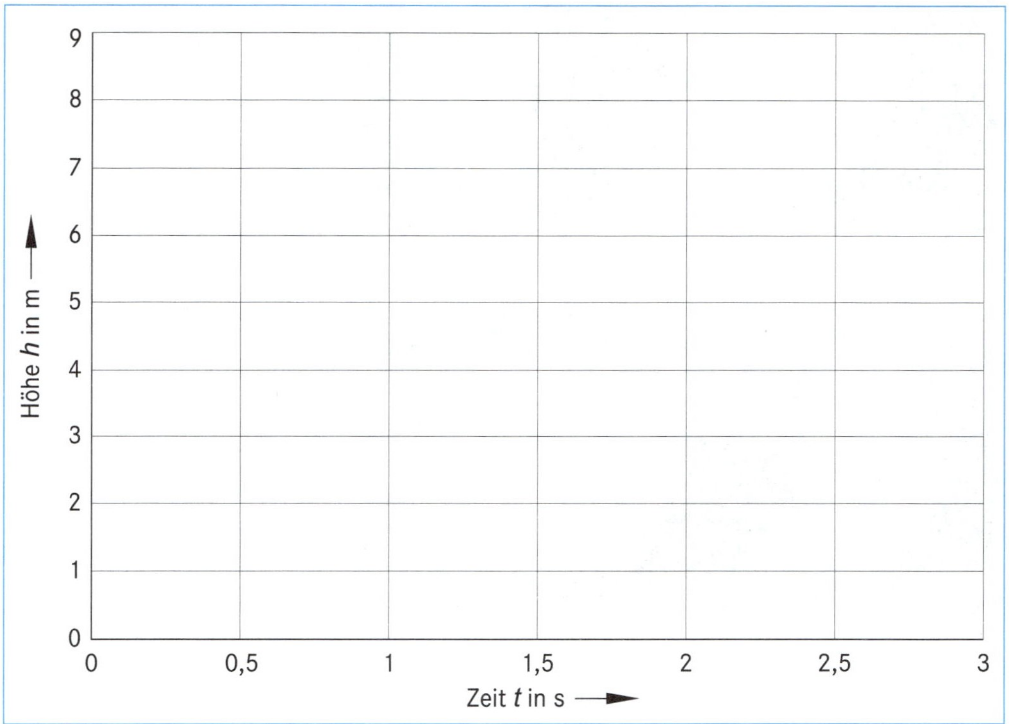

Bei diesem Fallexperiment interessiert uns vor allem, welche Endgeschwindigkeit der Körper erreicht. Erreicht der Körper seine Endgeschwindigkeit während des Falls, ist die Luftwiderstandskraft genauso groß wie die Gewichtskraft des Körpers. Es gilt also:

$$F_W = F_G$$
$$\tfrac{1}{2}\, c_w \cdot \rho_L \cdot A \cdot v^2 = m \cdot g$$

a) Bis auf den c_W-Wert können wir alle Werte in der Gleichung (A, v, m, g) bestimmen.
Wie ermittelt man die Endgeschwindigkeit?

Das Diagramm zeigt zwei Fallkurven, zum einen den freien Fall (ohne jegliche Reibung) und zum anderen einen Fall mit Luftwiderstand.

b) Ergänze:
Eine konstante Geschwindigkeit heißt, dass man in gleichen Zeitabschnitten ______________________

______________________ zurücklegt.

Im Diagramm erhält man die konstante Geschwindigkeit des fallenden Körpers im Bereich der Geraden zwischen zwei Messpunkten als Steigungsdreieck oder als Formel wie im Mathematikunterricht. Trage die Formel hier ein:

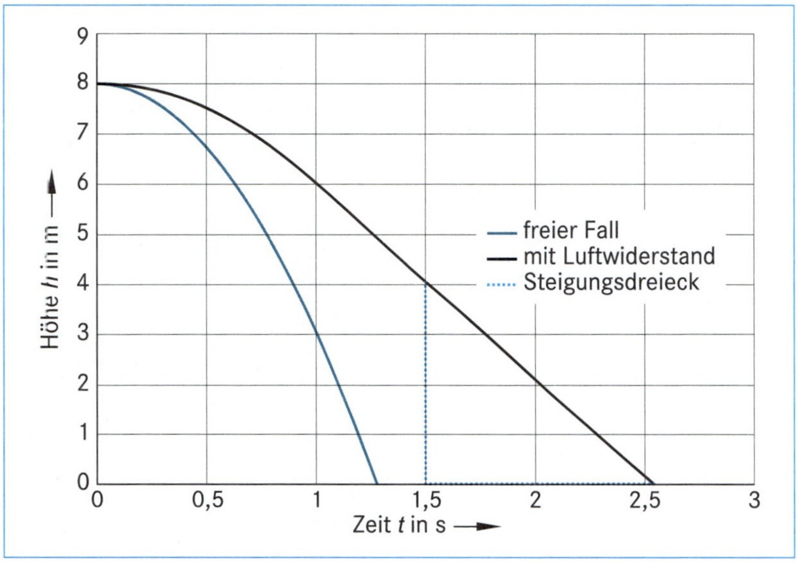

c) Auswertung und Ergebnisse:
Lass nun alle Versuchskörper drei- bis fünfmal fallen und bestimme den jeweiligen c_w-Wert.

Gleichung nach c_w aufgelöst:

$\rho_L = 1{,}2041\ kg/m^3$ $g = 9{,}81\ N/kg = 9{,}81\ m/s^2$

Versuchskörper	Masse	Fläche	Endgeschwindigkeit	c_w-Wert
Würfel				
Kugel				
Halbkugel (rund, von vorne)				
Halbkugel (flach, von hinten)				

d) Welcher Körper hat den besten c_w-Wert? Notiere die Körper mit aufsteigendem c_w-Wert.

____

____

7 Physikvokabeln

Fachwörter aus der Physik und der Aerodynamik müssen gefunden werden.
(Verwende Umlaute: Ä = Ä usw.)

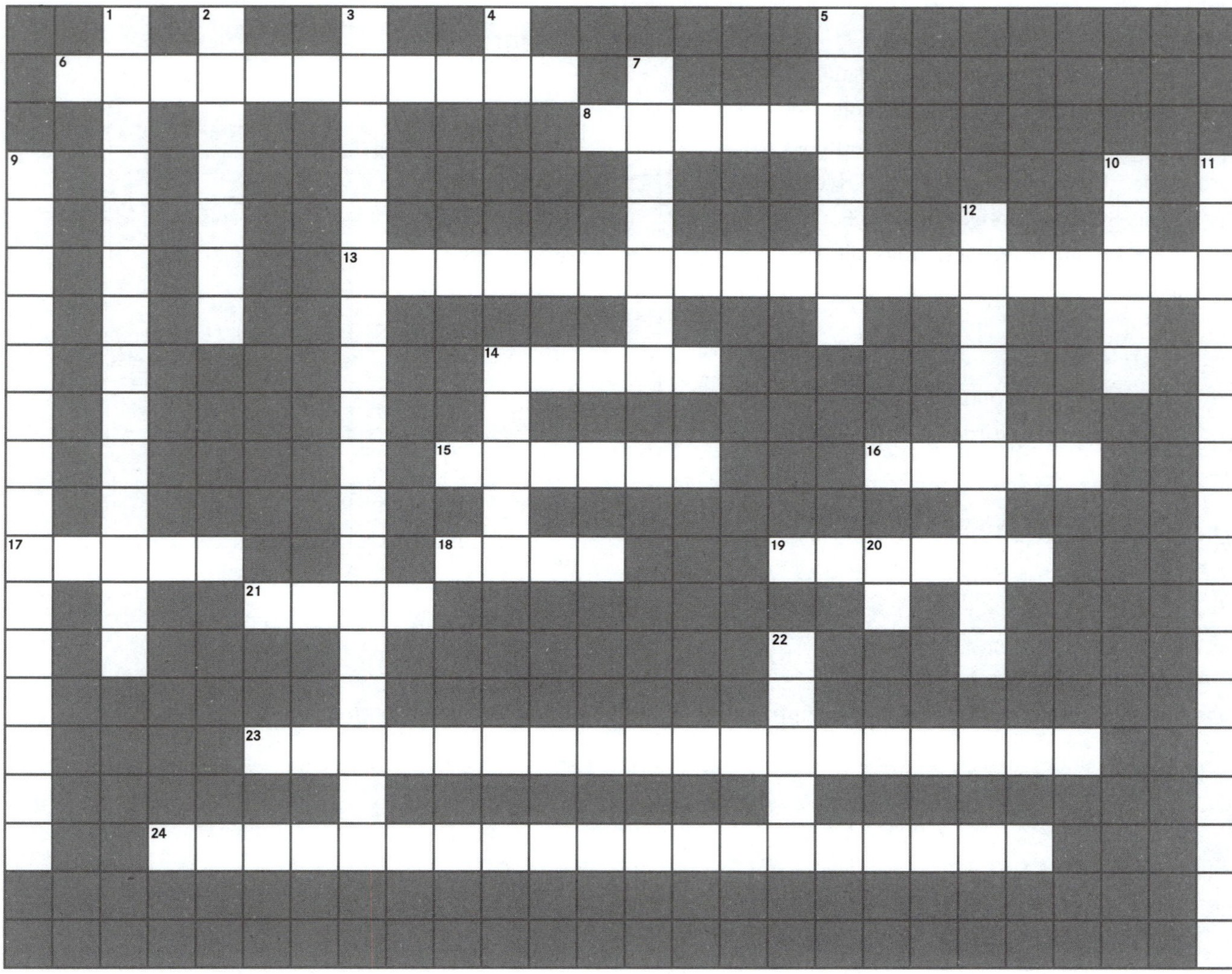

waagerecht

6. Lehre von der Bewegung von Körpern und Gasen und den dabei auftretenden Kräften
8. Krafteinheit
13. Kraft, die auf einen umströmten Körper wirkt
14. Längeneinheit
15. ... wird in Quadratmetern angegeben.
16. Eine ... erkennt man an ihrer Wirkung.
17. Kraft pro Fläche (Energie pro Volumen)
18. Vorsilbe für Tausend
19. Masse pro Volumen
21. ... wird in Sekunden angegeben.
23. Der Schnitt durch einen Körper zeigt die ...
24. Heben sich die Kräfte, die auf einen Körper wirken, gegenseitig auf, spricht man von ...

senkrecht

1. Das „Schnellerwerden“
2. Rauminhalt eines Körpers
3. Ein leichter Körper erreicht beim Fallen eine ...
4. Kreiszahl 3,14...
5. Zeit hat die ... Sekunde, Kraft die ... Newton.
7. Zeiteinheit
9. Tempo (Physik)
10. Masseneinheit
11. Fallbeschleunigung auf der Erde
12. Anderes Wort für Erdbeschleunigung *g*
14. Vorsilbe für ein Tausendstel
20. Strömungswiderstandskoeffizient (Kurzzeichen)
22. Gewicht (Physik)

8 Auf der Suche nach gutem Design

Vorüberlegungen

Unsere Welt ist von A bis Z durchgestaltet. Selbst die trivialsten Gegenstände (eine Türklinke oder eine Wasserflasche) transportieren über ihre Erscheinung eine visuelle Information, die wir meist unbewusst verstehen. Der Benutzer reflektiert die Gestaltung aber meist nicht über ein Geschmacksurteil hinaus: Es gefällt oder es gefällt nicht. Ein Designer hingegen weiß sehr genau, wie er die Dinge im Hinblick auf Form, Funktion und Zielgruppe gestalten muss.

Anhand einer Reihe von Designklassikern versuchen wir zu verstehen, was gutes Design ausmacht, d.h. wann es gelingt, eine Gestaltung zu finden, die viele Menschen auch über einen größeren Zeitraum hinweg als gut, richtig, treffend und schön empfinden.

1. Am Ende dieses Arbeitsblattes auf den Seiten 39 und 40 findest du eine Reihe von Designklassikern. Suche dir drei davon aus und formuliere, was deiner Meinung nach an der Gestaltung so gut gelungen ist, dass das Produkt zum Designklassiker wurde.

2. Über das persönliche Geschmacksurteil hinaus: was macht gutes Design aus?

a) Finde vier Aspekte guten Designs und notiere sie im Schaubild.

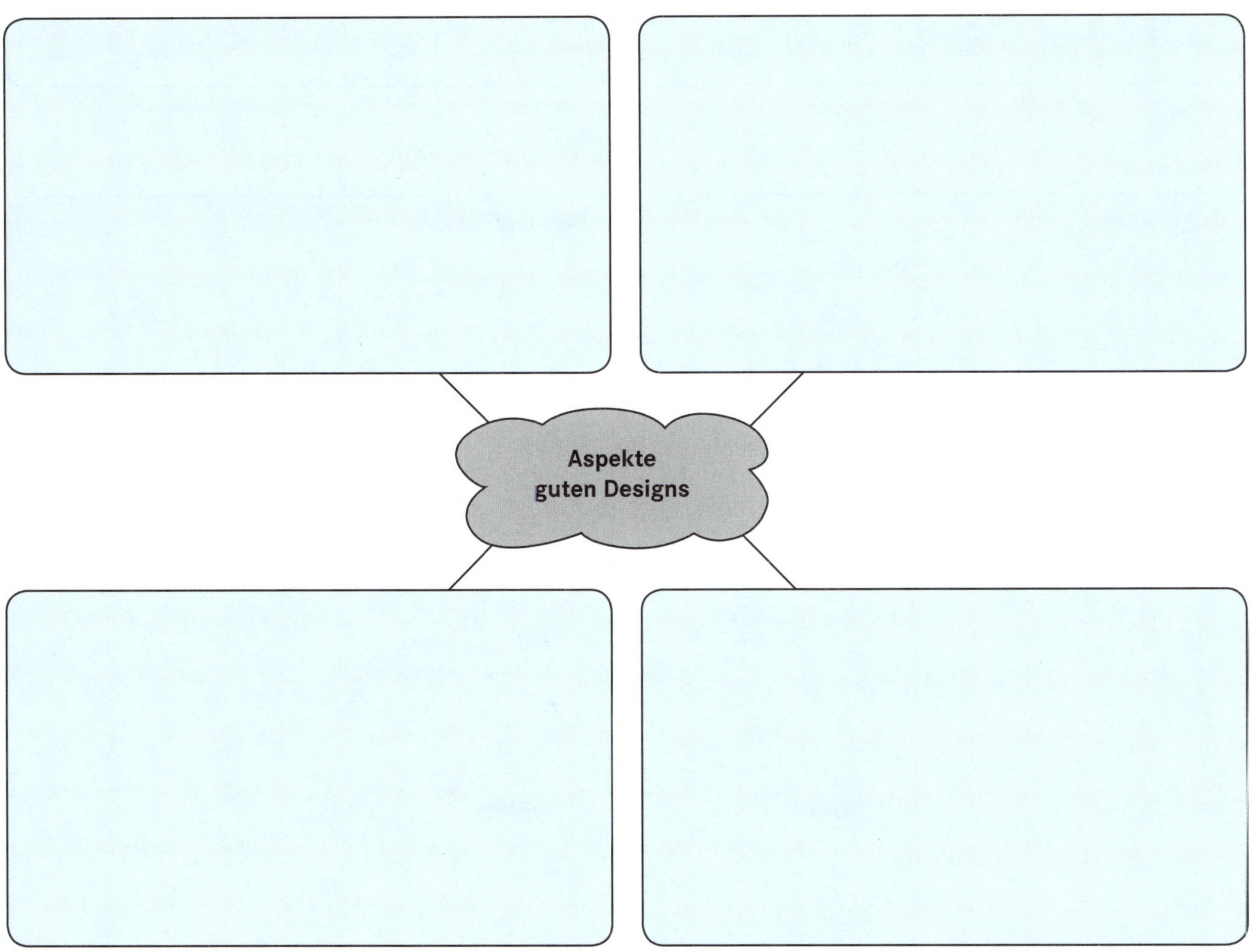

b) Welche Begriffe hast du gewählt und welche deine Mitschülerinnen und Mitschüler? Diskutiert Gemeinsamkeiten und Unterschiede.

c) Untersuche ein Designobjekt deiner Wahl mithilfe der hier vorgeschlagenen vier Begriffe. Erkläre, wie der Designklassiker diesen Aspekten des guten Designs gerecht wird.

Klarheit:

Funktionalität:

Originalität:

Ganzheitlichkeit:

Arne Jacobsen, Stuhl Serie 7, 1950er Jahre

BIC-Feuerzeug, Louis Lucien Lepoix, 1972

Coca-Cola-Flasche, Earl R. Dean, 1915 (Entwurf)

McDonalds Pommes-Tüte, Designer unbekannt	

Schöpfkelle, Designer unbekannt	
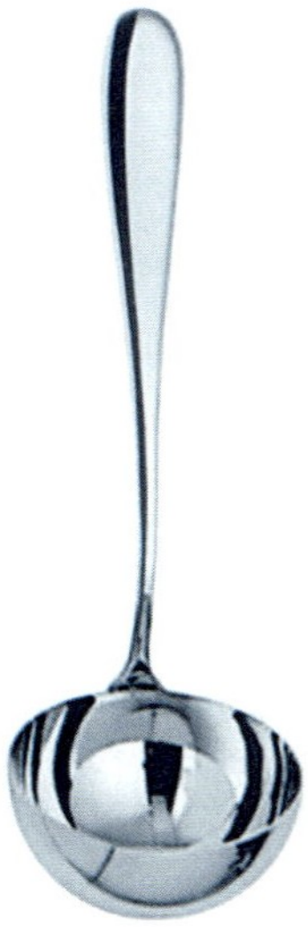	
IKEA-Regal Billy, Gillis Lundgren, 1979	

9 Entwerfen mit dem Bleistift

Vorüberlegungen

Aller Anfang ist schwer. Die Gestaltung eines neuen Fahrzeuges ist ein sehr langwieriger Prozess, in dem viele Ideen geboren und wieder verworfen werden, bis man sich einem tragfähigen Ergebnis annähert. Der Entwurfsprozess folgt dabei einer Kette von Produktion und Reflexion: Ideen für die Gestaltung werden skizziert, man muss sie sehen, um sie beurteilen zu können. Anschließend wird man zum Betrachter und Kritiker seiner Arbeit und muss das Gute bewahren und die misslungenen Stellen verbessern oder noch mal ganz von vorne anfangen.

1. Auf den folgenden Seiten findest du schematische Zeichnungen dreier Fahrzeugtypen (Limousine, Van, Kleinwagen) – jeweils in ihren drei Hauptansichten (die Ansichten sind zueinander nicht maßstabsgetreu). Sie helfen dir einen Anfang für deinen Entwurf zu finden und die Proportionen besser zu treffen. Du kannst dich jederzeit über diese Vorgaben hinwegsetzen, wenn sie dich zu sehr einschränken.

Wähle einen Fahrzeugtyp aus. Erinnere dich an die „Aspekte guten Designs“. Ist dir klar, was dein Fahrzeugtyp seinem Fahrer verspricht und was dieser von seinem Auto erwartet? Gestalte „dein“ Auto auf dieser Grundlage.
Skizziere mit dem Bleistift auf Kopien der Arbeitsblätter. Es sollen mehrere Entwürfe von „deinem“ Auto entstehen, sie können sich stark unterscheiden. Wähle dann die beste Lösung aus und perfektioniere sie.
Beachte die folgenden Hinweise für die verschiedenen Ansichten.

Seitenansicht:
Die äußere Konturlinie (auch unten!) gibt dem Auto sein charakteristisches Erscheinungsbild. Platzangebot und gute Luftwiderstandswerte konkurrieren miteinander.
Die Bewegungsrichtung kann vom Design unterstützt werden. Oft haben Autos eine oder mehrere markante Längslinien (oft als geprägte Kanten oder auch als Zierleisten).
Die Unterteilung der Fensterfläche durch Streben trägt wesentlich zum Erscheinungsbild bei. Senkrechte Streben wirken klar und eher statisch, schräge Streben dynamisch.
Wie weit gehen die Stoßfänger um das Auto herum? Wie weit die Scheinwerfer und Rückleuchten? Wie sind die Rundungen der Kotflügel in die Gestaltung integriert?

Vorderansicht:
Das Gesicht! Wir sehen intuitiv die Scheinwerfer als „Augen“, aus Kühlergrill und Stoßstange machen wir Nase und Mund. Wie soll dein Auto wirken? Lächelt es, knurrt es grimmig oder saugt es gierig die Luft an?

Rückansicht:
Die Funktionalität erwartet eine möglichst tiefe Ladekante von Kofferraum oder Heckklappe. Die Rückleuchten müssen groß genug sein, um ihre Funktion zu erfüllen. Das rechteckige Nummernschild muss integriert werden.

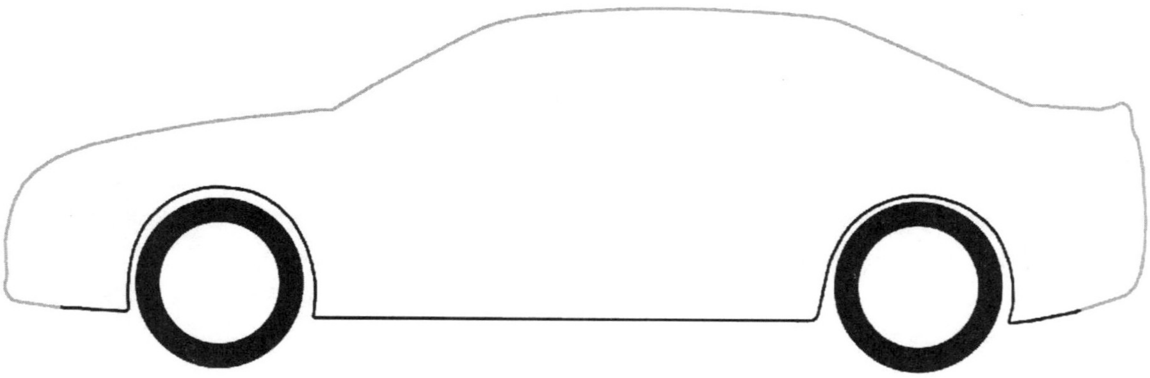

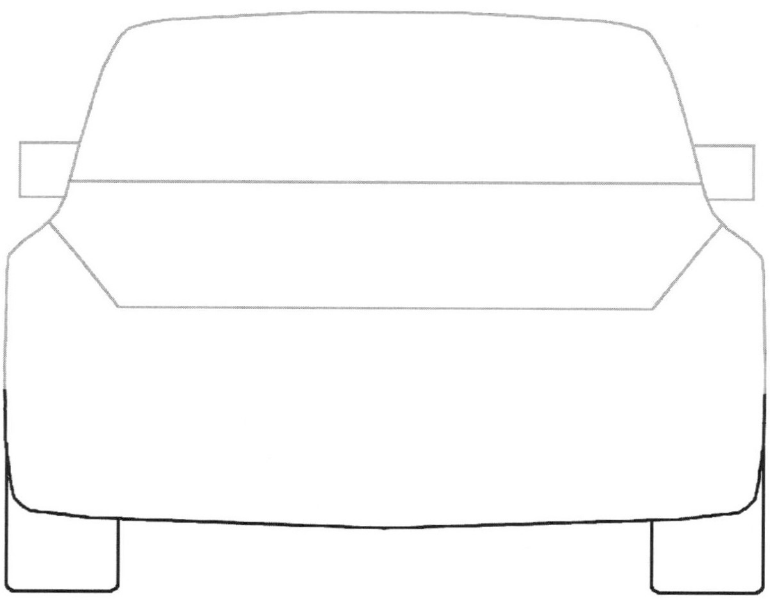

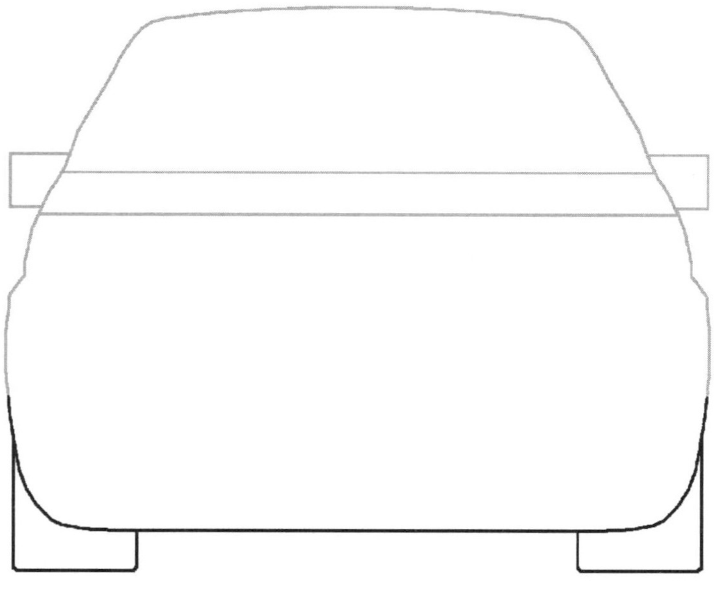

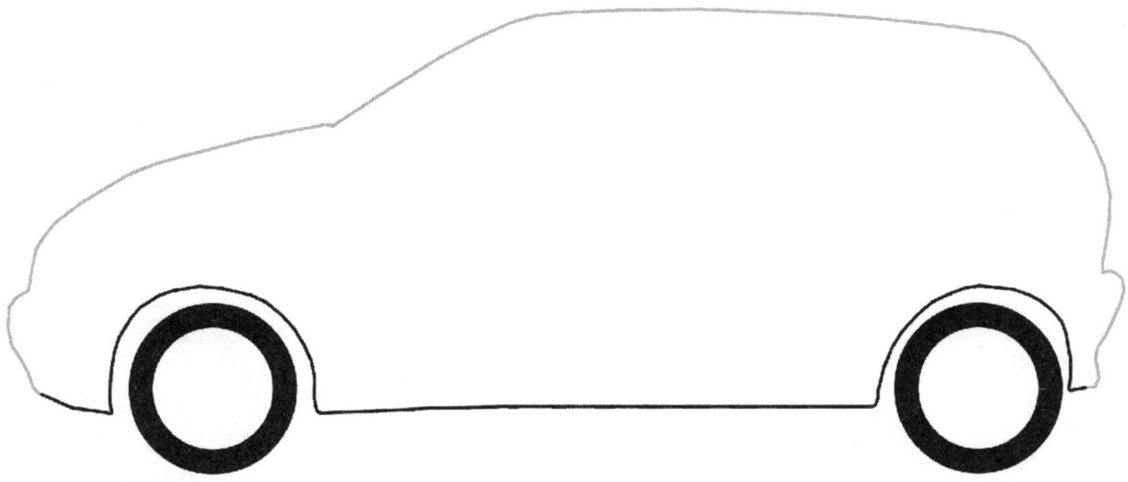

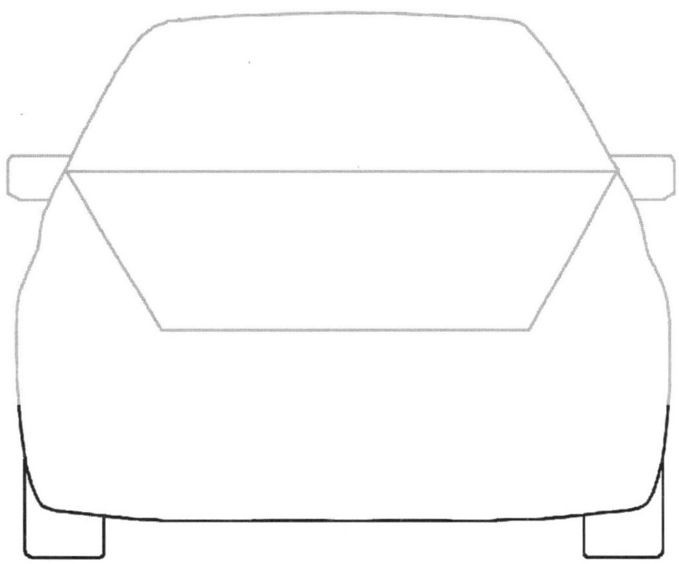

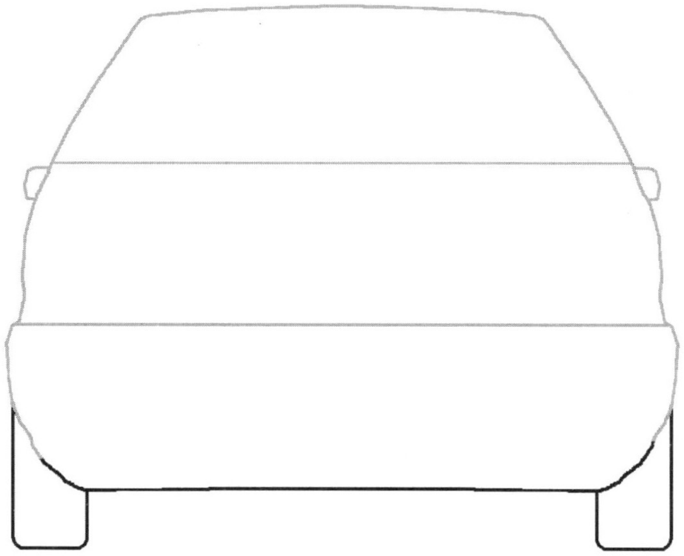

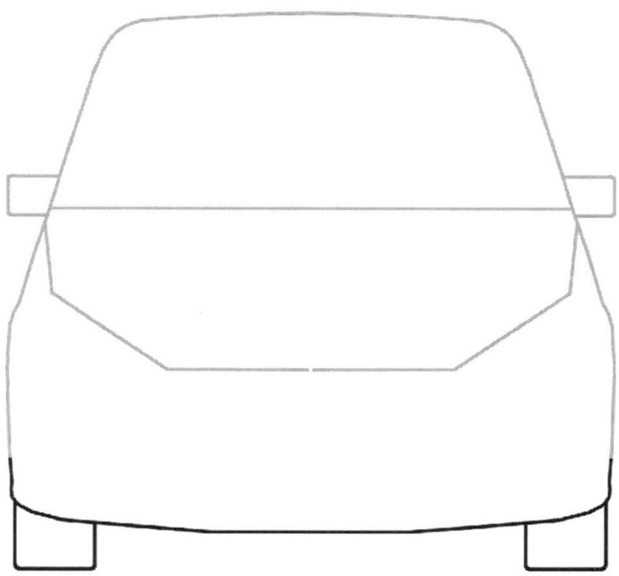

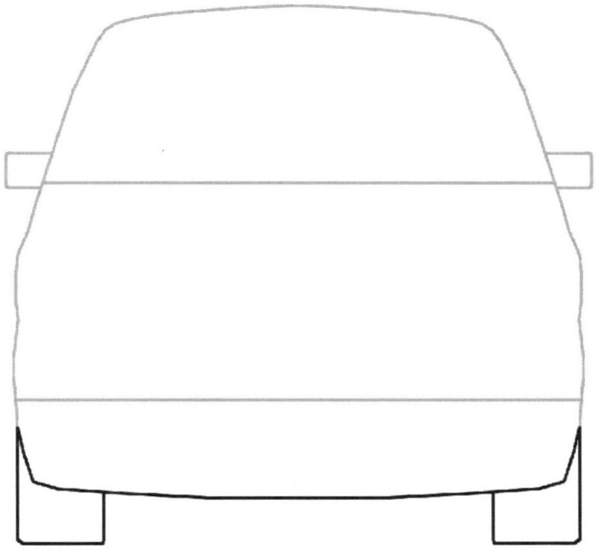

10 Einführung in ein CAD-Programm

Info

CAD heißt Computer Aided Design. Diese Programme helfen also beim Zeichnen und Konstruieren. Beispielsweise zeigt der Computer an, ob eine neu gezeichnete Strecke parallel zu einer schon vorhandenen ist, ob ein gezeichneter Winkel 90° hat, man kann Kreise, Rechtecke oder andere Formen mit vorgegebenen Maßen verwenden und alles später noch verändern, ohne die Zeichnung von vorne beginnen zu müssen.
Mithilfe dieser Kurzübersicht kannst du dein erstes Auto mit einem CAD-Programm konstruieren. Eine weitere Anleitung mit Baugruppen und technischen Zeichnungen erhältst du bei Bedarf von der Lehrerin oder vom Lehrer.

Der einfache Weg zum Automodell mithilfe des Programms Solid Edge

1. Wie beim Zeichnen startet man mit einem Querschnitt oder mit der Seitenansicht. Das Programm nennt eine Zeichnung Skizze. Die linke Abbildung zeigt das Erstellen einer solchen Skizze. Die Seitenansicht mit zwei Geraden und einer Kurve wurde gezeichnet. Für Kurven gibt man einige Punkt vor, das Programm zeichnet dann durch diese eine glatte Kurve. Möchte man eine andere Kurve, muss ein anderer Punkt gewählt werden. Die rechte Abbildung zeigt diese Skizze in 3D.

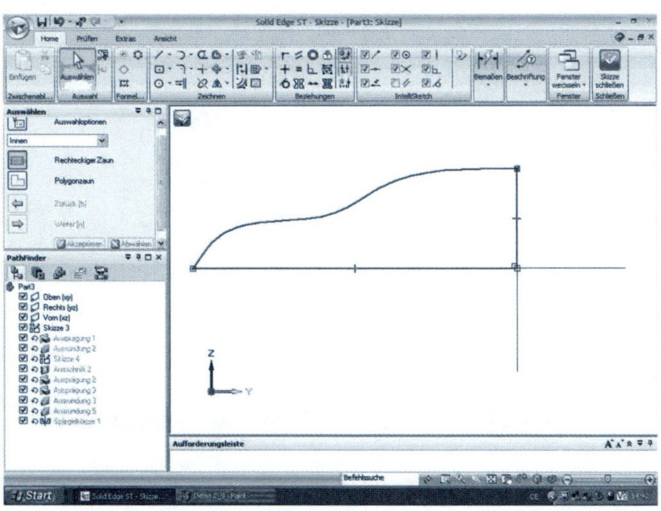

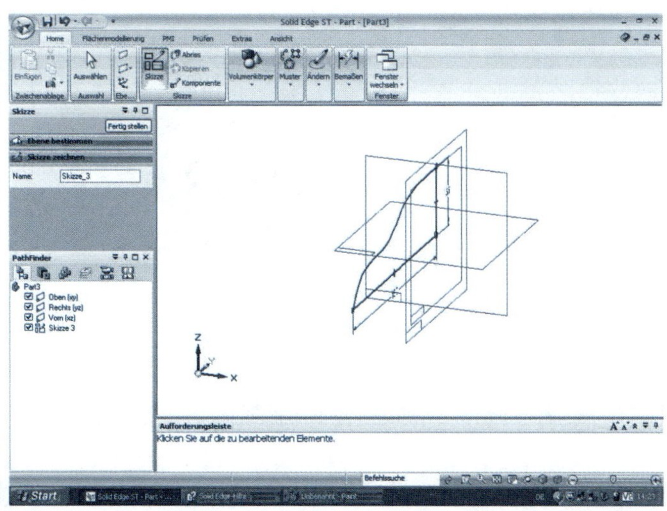

2. Im nächsten Schritt zieht man mit einem Mausklick den gezeichneten Umriss zur Seite in die dritte Dimension. Das nennt sich im Programm Extrusion oder Ausprägung.

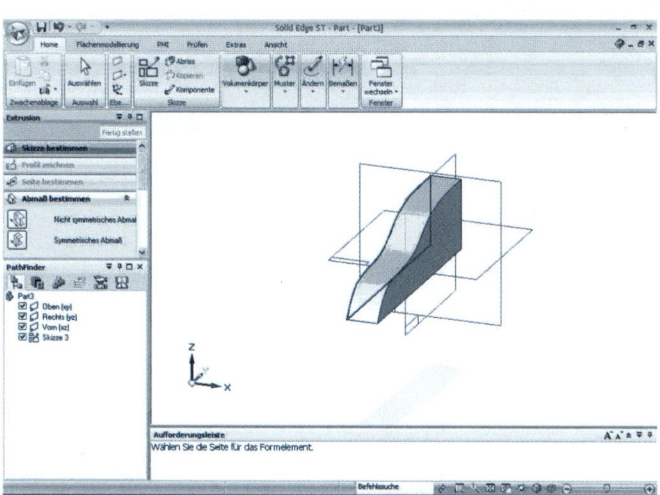

3. Das Programm kann die Kanten und Ecken mit beliebig einstellbarem Radius oder sogar mit steigendem Radius „abrunden“.

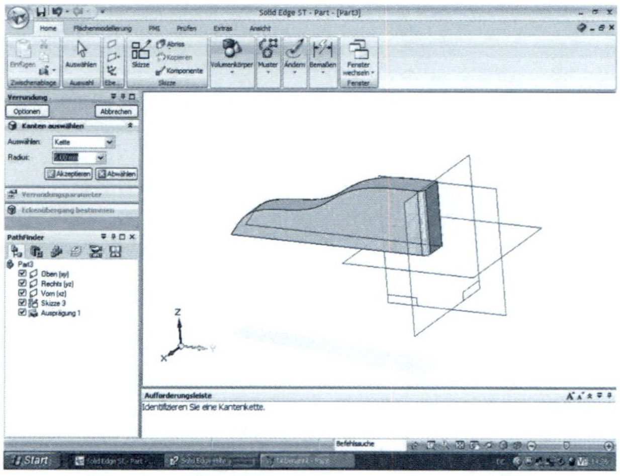

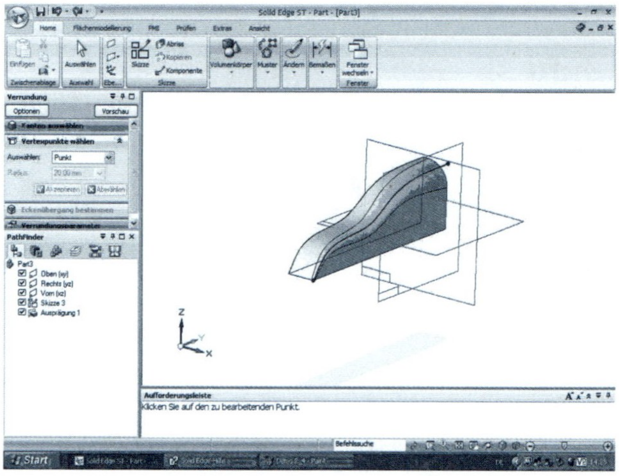

4. Will man Löcher einfügen oder einzelne Bereiche abschneiden, kann man „ausschneiden“ oder „bohren“. Dazu zeichnet man Skizzen in beliebige Oberflächen. Weitere Teile wie Seitenkästen oder Spoiler kann man ebenfalls in Skizzen in der Seitenfläche einzeichnen und danach ausprägen.

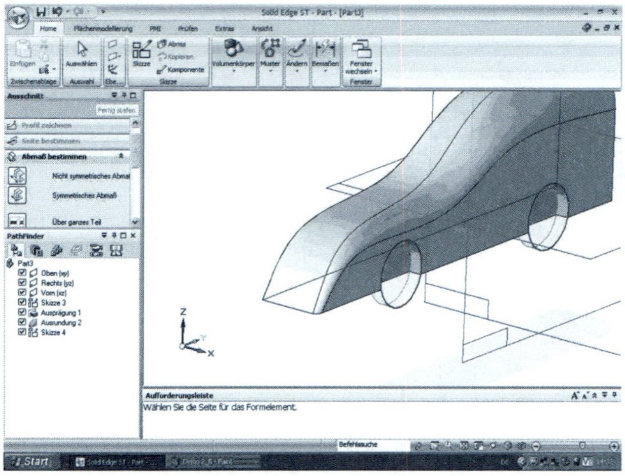

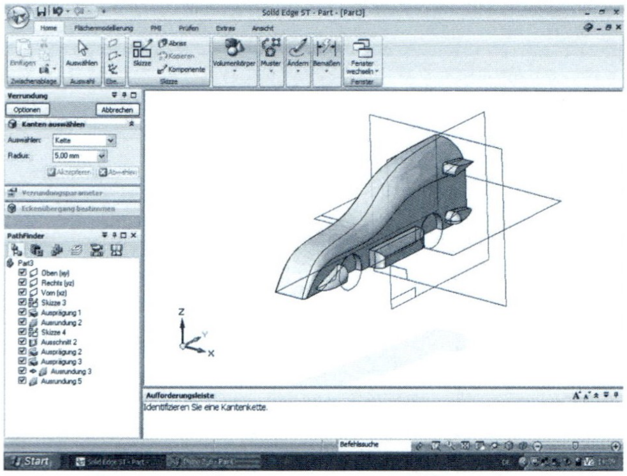

5. Man zeichnet nur die linke Hälfte eines Autos und erhält das ganze Auto durch Spiegeln an der Mittelfläche. Jede technische Zeichnung muss bemaßt werden, auch dabei hilft dieses Programm. Man kann einerseits z.B. den Abstand oder Winkel zwischen zwei gezeichneten Strecken messen. Man kann aber auch durch Eingabe eines bestimmten Wertes die Zeichnung im Nachhinein verändern.

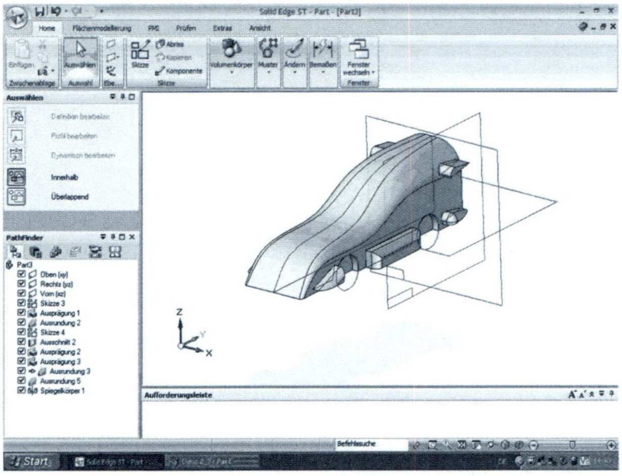

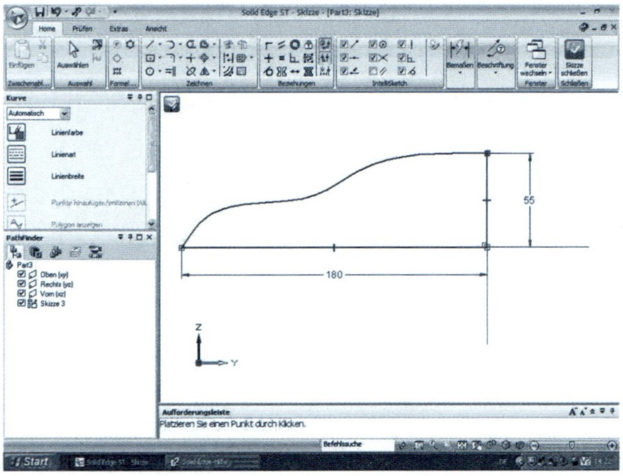

11 Autos entwerfen – Arbeitsweise von Designern und Ingenieuren

Info

Ein neues Auto wird nicht von einem einzelnen Autodesigner entwickelt, sondern in einem langen Prozess, an dem viele Menschen beteiligt sind.
Die Kunst besteht darin, eine neue Form zu entwickeln, die technische und modische Trends berücksichtigt und gleichzeitig das Markendesign des Autoherstellers enthält.
In der Ideenphase werden von den Designern Hunderte von Handskizzen erstellt. Ab einem bestimmten Reifegrad werden einige ausgewählte Entwürfe in die dritte Dimension übertragen (1).
In der Modellphase werden etwa acht Tonmodelle im Maßstab 1:4 erstellt. Alle Modelle werden aerodynamisch überprüft (2).
Die überzeugendsten Modelle werden abgetastet und zu Datenmodellen weiterentwickelt. An einer 7 m breiten Projektionswand werden die Datenmodelle optimiert (3).
Die besten Datenmodelle werden dann als Auswahl in Originalgröße gefräst, geschliffen und lackiert (4). Weitere Prüfungen, Vergleiche und Entscheidungsrunden reduzieren die Auswahl auf zwei Modelle (5).
Wenn alles funktioniert und gefällt, wird das endgültige Modell gefertigt. Die Entscheidung für das neue Modell ist nach etwa zwei Jahren gefallen (6).

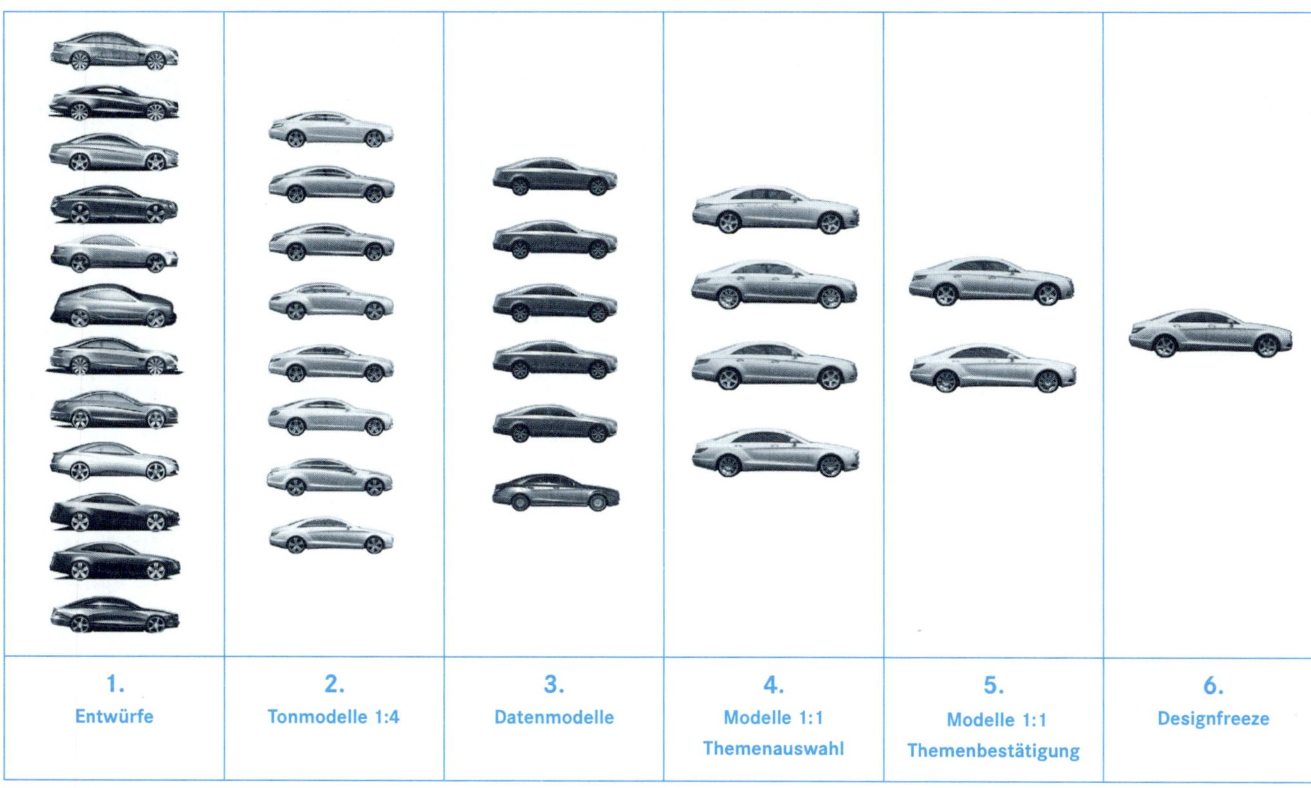

1. Entwürfe	2. Tonmodelle 1:4	3. Datenmodelle	4. Modelle 1:1 Themenauswahl	5. Modelle 1:1 Themenbestätigung	6. Designfreeze

1. Welcher Schritt bei der Entwicklung eines neuen Autos ist für dich der interessanteste: Bleistiftskizze, Tonmodell, Computermodell oder realitätsnahes Modell in Originalgröße? Begründe deine Entscheidung.

____

____

____

2. Die Abbildung zeigt den Ablauf des Designprozesses. Ordne die Nummern in der Abbildung den Beschreibungen zu (Ziffern von 1 bis 9 eintragen).

☐ Die Materialien und Farben für die Innenausstattung werden festgelegt.

☐ In der ersten Phase der Entwicklung eines neuen Autos werden an verschiedenen Standorten in der Welt Designkonzepte entwickelt. Diese Concept Cars gestatten einen kleinen Blick in die Zukunft.

☐ Das Design der Inneneinrichtung wird zunächst gezeichnet; die besten Entwürfe werden in 1:1-Modellen aufgebaut. Am Modell kann der Designer Gestaltung und Ergonomie prüfen.

☐ Modelle in Originalgröße werden gebaut.

☐ Das Außendesign wird gezeichnet und in 1:4-Tonmodellen umgesetzt.

☐ Das Modell wird in Datenmodelle übertragen und alle technischen Randbedingungen werden überprüft.

☐ Aktuelle Forschungsergebnisse und technische Entwicklungen (z.B. Bordcomputer, alternative Antriebe) werden im sogenannten Showcar berücksichtigt.

☐ Der Gestaltung der Bedienelemente (z.B. Schalter) und Anzeigen (z.B. Displays) wird viel Aufmerksamkeit geschenkt.

☐ Nun wird ein Modell in Originalgröße gebaut, das dem genauen Abbild des zukünftigen Fahrzeugs entspricht.

12 Form follows function

Info

Neben technischen Faktoren und modischen Tendenzen bestimmen immer auch die Funktion und der gewünschte Einsatzbereich die Form des Automobils.
Wenn Designer über die Funktionsbereiche von Automobilen sprechen, benutzen sie die Begriffe One-Box-, Two-Box- oder Three-Box-Auto.
Damit sind die Funktionsbereiche **Motorraum – Fahrgastraum – Kofferraum** gemeint:

One-Box **Two-Box** **Three-Box**

1. Erkläre die Begriffe One-Box-, Two-Box- und Three-Box-Auto hinsichtlich Form und Einsatzbereich.

2. **Schau dir die Bildfolge an. Bei welchen Modellen handelt es sich um ein One-, Two-, oder Three-Box-Auto? Geh davon aus, dass alle vier Modelle praktisch die gleiche Bodenplatte und ähnliche Motoren besitzen.**

1

2

3

4

3. **Welche Gesichtspunkte sind deiner Meinung nach für den Verwendungszweck der Autos ausschlaggebend?**

4. **Welche Aspekte des Designs sowie der Aerodynamik kannst du bei den Autos feststellen? Erkennst du Schwachpunkte in den jeweiligen Modellen?**

Design und Aerodynamik erkennbar durch:

Schwachpunkte einzelner Modelle:

13 Strömungswiderstände am Auto

Info

Die Größe des Luftwiderstandes hängt davon ab, wie schwierig es für die Luft ist, um einen Körper herumzufließen. Ob wir uns durch die Luft bewegen oder ob wir die Luft mit gleicher Geschwindigkeit um uns herumfließen lassen, ist dabei egal.

Wir brauchen umso mehr Energie, je mehr Luft wir bewegen und je schneller wir diese Luft relativ zu uns bewegen.

1. Luftballonexperiment zur Erklärung von Druck:

a) Du hast Druck im Unterricht sicher als Kraft pro Fläche kennengelernt. So lässt sich auch der Druck in einem Gasvolumen, z.B. einem aufgeblasenen Luftballon, an seiner Oberfläche messen. Man sollte sich aber klarmachen, dass das gesamte Gasvolumen „unter Druck steht“. Um die Formel für diese Vorstellung herzuleiten, erweitert man $p = F/A$ um eine Strecke s. Schreibe diese Formel auf; bedenke, dass Kraft · Strecke = Arbeit bzw. Energie ist.

b) Was bedeutet das?

c) Die hergeleitete Formel kannst du nachprüfen, indem du eine Luftballonrakete baust: Spanne eine Schnur quer durchs Klassenzimmer und befestige einen Luftballon mit Tesafilm an einem Trinkhalm, der möglichst leicht an der Schnur gleitet. Blase den Luftballon erst nur wenig auf, dann auf den doppelten Durchmesser. Achte auf den Druck, den du nach dem ersten großen Widerstand gegen das Aufblasen im Mund spürst. Ändert er sich?

d) Lass nun verschieden stark aufgeblasene und natürlich nicht zugeknotete Luftballons an der Schnur rasen. Was passiert? Um wie viel weiter sollte ein doppelt so großer Luftballon kommen?

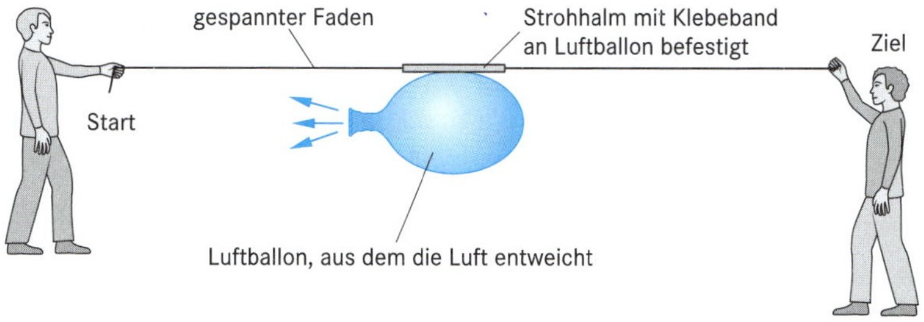

Druck ist eine Eigenschaft eines Gasvolumens. Wir können damit Energie in einer Gasmenge speichern.

2. Druckexperiment mit Papierblatt:
Halte einen Papierstreifen wie in der Abbildung an die Unterlippe und blase stark darüber. Was beobachtest du? Erkläre deine Beobachtung.

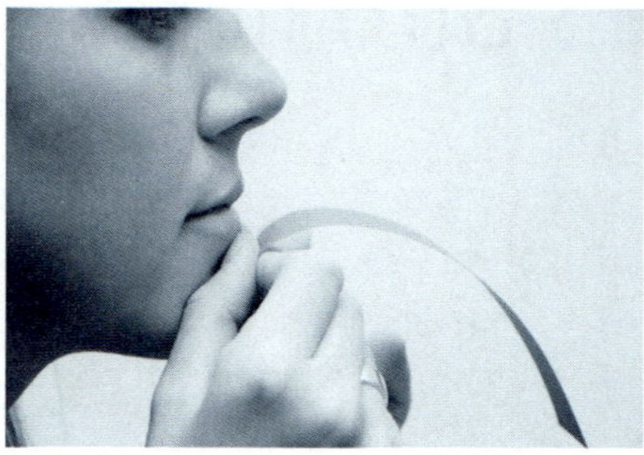

3. Überlegungen zur Luftströmung um ein Auto:
Wie strömt Luft um ein Auto? Dazu vereinfachen wir die Autoform auf ein Three-Box-Modell und betrachten, wo sich beim Losfahren und Beschleunigen Unter- bzw. Überdruckbereiche bilden. Wir vernachlässigen dabei die Strömung unter dem Auto.

a) Zeichne die Bereiche um das Auto dunkelblau ein, wo du Über- oder Staudruck erwartest und hellblau, wo du Unterdruck erwartest. Erinnere dich daran, wie es sich beim Fahrradfahren anfühlt.

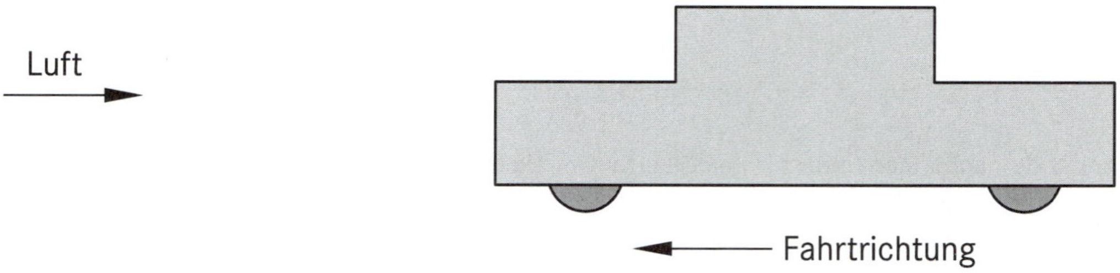

b) Ergänze den Satz:

Vor dem Auto herrscht ______________ Druck, hinter dem Auto ______________ Druck.

c) Wohin wird das Auto durch die Druckunterschiede beim Fahren „gedrückt"?

d) Das Auto fährt. Es muss gegen die „Druckbereiche" fahren und benötigt dazu Energie. Überlege: Wie fließt die Luft um das Auto und seine „Luftdruckpolster" herum? Beachte, dass die Überdruckbereiche auch Luft „wegdrücken", während sie zu Unterdruckbereichen „hingedrückt" werden. Ergänze die Abbildung um die Über- und Unterdruckbereiche analog zu Aufgabe a). Zeichne dann ein, wie der Luftstrahl um das Auto herumfließt.

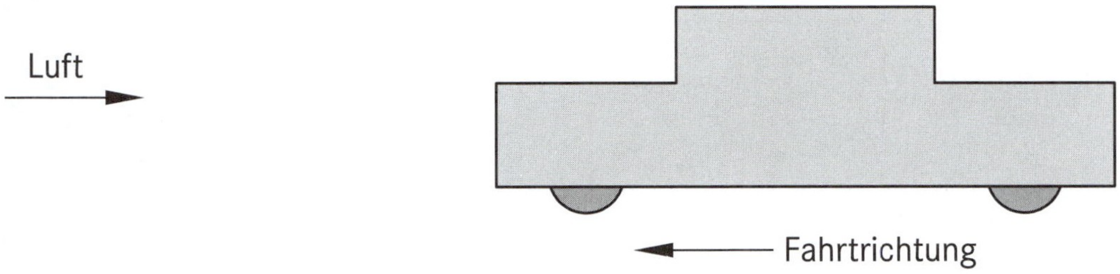

e) Beschreibe, wie die Luft um die eckige Autoform herumfließt.

f) Die am Auto vorbeiströmende Luft fließt auch an den eingezeichneten Druckbereichen entlang. Überlege, was in diesen Druckbereichen passiert.
Zeichne dies ebenfalls in die obige Skizze ein und schreibe hier einen Antwortsatz.

g) Stell dir vor, du schiebst deine flache Hand durchs Wasser nahe der Wasseroberfläche. Was passiert? Vergleiche dies mit den Über- und Unterdruckgebieten am Auto.

Folgerungen:
Entstehen Wirbel, kostet dies Energie, die nicht in Bewegungsenergie des Autos umgesetzt wird, d.h. Wirbel bremsen.
Wo sich Wirbel bilden, kann man sich an einfachen Formen vorstellen. Um die Wirbel bei einem echten Auto zu bestimmen und ihre Stärke zu messen, benötigt man Windkanaltests oder Simulationsrechnungen mit dem Computer.

Energieverluste berechnen sich aus *Luftwiderstandskraft · gefahrener Strecke.*

4. Druck- und Strömungsverluste:

Luftwiderstand setzt sich einerseits aus Druckverlusten (wie in Aufgabe 3) und andererseits aus Strömungsverlusten zusammen. Damit sind Reibungsverluste in der Luft gemeint. Je nach Form eines Körpers ergeben sich mehr Druck- oder mehr Strömungsverluste.

a) In der Tabelle sind zwei Formen mit der herumströmenden Luft (Pfeile) vorgegeben. Es ergeben sich extreme prozentuale Werte bei den Widerstandsverlusten durch Druck bzw. Reibung.
Zeichne die vorgegebenen drei Körper in der passenden Reihenfolge in die Tabelle ein. Schätze die dazugehörenden Verlustwerte oder lass sie dir von der Lehrkraft geben.

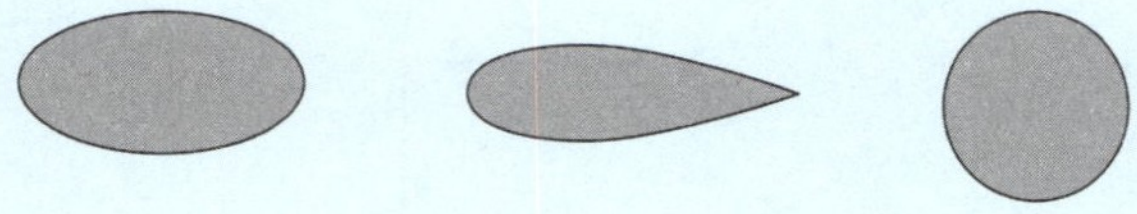	**Widerstandsverluste prozentual aufgegliedert in**	
	Druck	**Reibung**
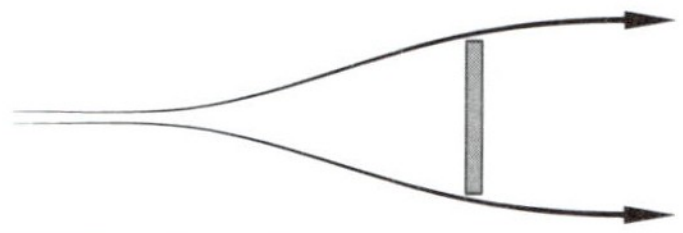	100 %	0 %
	0 %	100 %

b) Zeichne analog zu den Bildern in Zeile 1 und 5 die Luftströmung in die Tabelle ein. Überlege, wo sich Wirbel bilden und zeichne sie ein.

c) Betrachte die Formen in der Tabelle. Wann ist der Strömungswiderstand größer: wenn ein Körper eher Druck- oder eher Strömungsverluste erfährt?

____

____

____

____

d) Welche Form sollte ein Auto haben, damit es aerodynamisch ideal ist?

____

____

14 Strömungen sichtbar machen

Info

Die Strömungswiderstandsverluste eines Körpers setzen sich aus Reibungsverlusten in der Luft und aus Energieverlusten in den Wirbeln zusammen, die sich um den Körper herum bilden.

Um ein möglichst windschnittiges Auto oder andere Fahrzeuge zu bauen, kann man nicht einfach ausrechnen, wie groß der c_w-Wert für eine bestimmte Form ist. Man muss den c_w-Wert entweder experimentell oder über Computersimulationen bestimmen.

Beim Autobau heißt das: erste Vergleiche des Strömungsverhaltens bei ausgewählten Entwürfen macht man mit Computersimulationen und Windkanalmodellen, dann baut man Modelle im Maßstab 1:1 und misst im Windkanal nach.

1. Recherchiere: Wofür steht die Abkürzung CFD?

2. Bisher wurden Druckverhältnisse an einfachen „Autoformen" betrachtet, in der Praxis kommen jedoch noch Strömungseffekte hinzu.

a) Recherchiere und erläutere das Gesetz von Bernoulli.

b) Wie verhält sich demnach der Druck in einem dünner werdenden Rohr, durch das Luft strömt? – Ergänze die Abbildung um Pfeile für die Fließgeschwindigkeit (kurze Pfeile = niedrige Fließgeschwindigkeit; lange Pfeile = hohe Fließgeschwindigkeit) und die richtig zugeordnete Beschriftung:

hoher Druck – niedriger Druck – hohe Fließgeschwindigkeit – niedrige Fließgeschwindigkeit

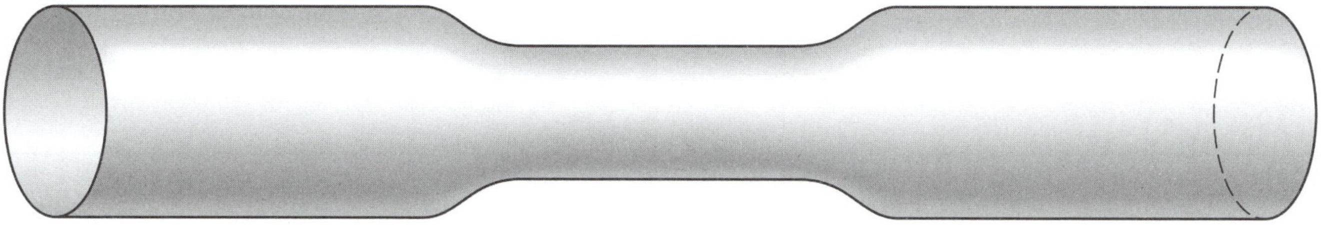

3. Die Abbildungen zeigen eine typische Darstellung der Rechenergebnisse einer CFD-Simulation. Man erkennt die Druckverteilung an einem Automodell von schräg vorn und schräg hinten.

a) Was bedeuten die Farben bezogen auf die Druckverteilung?

Blau: je dunkler, desto ...	**Grau:** je dunkler, desto ...

b) Nun überlege, welche Aussagen du über die Strömungsverhältnisse treffen kannst.

Blau:	**Grau:**

c) Die Druckverteilung entspricht nicht mehr den einfachen Vorstellungen am „Klötzchenauto“. Liste Gemeinsamkeiten und Unterschiede auf.

15 Grenzen aerodynamischen Gestaltens

1. Noch mal scharf nachgedacht und zur Wiederholung:
Von welchen vier Gegebenheiten hängt der Strömungswiderstand ab?

2. Ordne diese c_w-Werte den gezeigten Körpern zu: 0,03 - 0,08 - 0,25 – 0,40 - 0,45 - ca. 0,8 - 0,9

3. Wenn ein Team aus Ingenieuren und Designern ein Auto entwirft, müssen sie darauf achten, dass es möglichst wenig Energie verbraucht, egal, ob es sich um ein Elektro-, Benzin- oder Brennstoffzellenauto handelt.
Begründe anhand des Strömungswiderstandes: Ist es günstiger für den Energieverbrauch eine kurze Strecke zu nehmen, die man langsam fährt, oder sollte man einen Umweg über die Autobahn nehmen, bei dem man aber schneller am Ziel ist?

4. Ist der Luftwiderstand bei doppelter Geschwindigkeit ...

☐ ... doppelt so hoch?

☐ ... viermal so hoch?

☐ ... dreimal so hoch?

☐ ... halb so hoch?

Begründung:

____

5. a) Wie können Autokonstrukteure den Luftwiderstand möglichst klein halten? Welche Faktoren in der Formel können sie verändern?

____

b) Welche Faktoren lassen sich nicht verändern? Wovon hängen diese ab?

____

____

____

c) Wie sähe das aerodynamisch beste Auto aus?

____

d) Warum verkleinert man die Querschnittsfläche nicht?

____

____

____

____

16 Ein Automodell aus Ton gestalten

Vorüberlegungen

Wer eine Form (er)findet, sollte sie spüren! Ton ist dafür ein sehr geeignetes und dankbares Material. Der Ton lässt sich leicht mit den Händen oder geeigneten Modellierwerkzeugen in Form bringen, man kann sowohl aufbauend arbeiten und Teile leicht hinzufügen als auch Volumen abtragen.

Man kann das Tonmodell nach der vollständigen Trocknung (das dauert ca. zwei Wochen!) brennen. Dabei wird der Ton im Brennofen auf ca. 900 °C erhitzt, er wird dadurch stabiler und ändert auch etwas seine Farbe. Wichtig ist, dass sich keine Lufteinschlüsse im Modell befinden, die sich beim Brennvorgang ausdehnen würden und den Ton sprengen könnten.

Vor Beginn der Arbeit „schlägt" man deshalb den Ton: Der Block wird mehrmals kräftig auf den Tisch geworfen. Für jeden neuen Wurf dreht man den Block so, dass er immer weiter komprimiert wird und die Luft entweichen kann. Auch beim Modellieren muss man darauf achten, keine Luft mit einzubauen. Fügt man Teile an, so werden sie ohne Hohlräume an das Modell geknetet.

Auch wenn man den Ton nicht brennen möchte, wird das Modell am Ende des Gestaltungsprozesses von unten, bei der Fahrgastkabine, etwas ausgehöhlt, sodass die Wandstärke überall etwa gleich dick ist (ca. 4 cm). Das verhindert Spannungen beim Trocknen, die zu Rissen führen können.

1. Bestimme zunächst die Größe des Tonmodells. Weil sich Räder schlecht aus Ton herstellen lassen, benutze fertige, gekaufte Räder (Vorschlag: Durchmesser von 43 mm). An diese feste Größe müssen die Proportionen des Autos angepasst werden. Benutze als Grundlage deinen gezeichneten Entwurf (Arbeitsblatt 9), der im Tonmodell weiter verfeinert werden soll.

a) In einem Modell gibt es bestimmte Proportionen. Ist eine Größe festgelegt, kann man die anderen Größen berechnen. Das ist für die Vergleichbarkeit der Modelle wichtig.
Miss auf dem gezeichneten Entwurf (Seitenansicht) die Länge deines Autos (l_E) und den Raddurchmesser (d_E).

Berechne: $\frac{l_E}{d_E} = f_1 =$

Berechne: $l_M = f_1 \cdot 43\text{ mm} =$

Dies ist die Länge deines Modellautos in mm.

b) Nun die Höhe: Miss auf dem gezeichneten Entwurf (Seitenansicht) die Höhe h_E deines Autos.

Berechne: $\frac{l_E}{h_E} = f_2 =$

Berechne: $h_M = l_M / f_2 =$

Dies ist die Höhe deines Modells in mm.

c) Die Breite können wir nicht aus dem Entwurf bestimmen, weil er nicht maßstabsgetreu ist. Wir verwenden übliche Größenverhältnisse der drei Autotypen, du kannst sie beim Modellieren als Anhaltspunkt nutzen.
f_3 = Länge/Breite = 2,65 (Limousine); = 2,35 (Kleinwagen); = 2,60 (Van)

Berechne: $b_M = \frac{l_M}{f_3} =$

Dies ist die Breite deines Modells in mm.

2. Um nicht von Hand die Symmetrie des Fahrzeuges gestalten zu müssen, wird die Seitenansicht in Modellgröße auf zwei zusammengetackerte Brettchen (dünne Hartfaserplatte ca. 35 x 18 cm) übertragen: Länge und Höhe kennst du ja jetzt. Bei Bedarf kannst du weitere markante Punkte aus dem Entwurf auf den Maßstab des Modells übertragen.

Schneide diese Seitenansicht mit der Laubsäge aus und entferne die Tackernadeln. Du hast jetzt zwei gleiche Brettchen. Zwischen diese wird ein Tonblock in der Breite deines Modells auf eine Arbeitsplatte (nicht saugendes Brett, z.B. Resopalplatte oder Holzbrett mit Folie) gelegt. Du kannst jetzt einen dünnen Draht über die Brettchen ziehen und so den überflüssigen Teil des Tonblocks abschneiden. Entferne die Brettchen und das Modellieren kann beginnen!

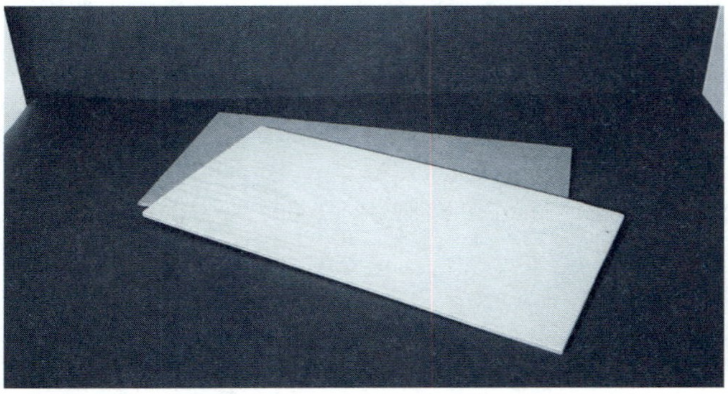
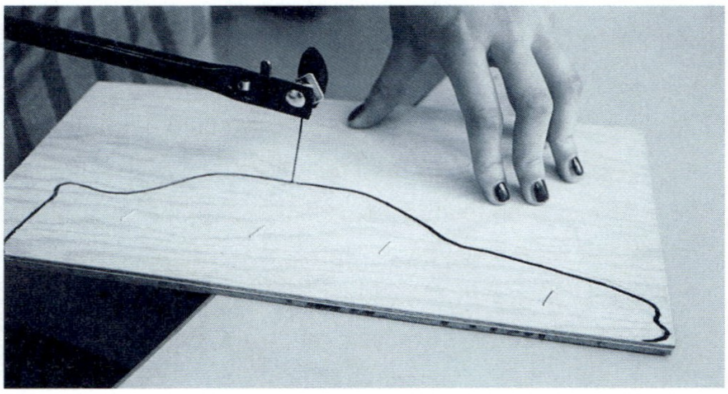
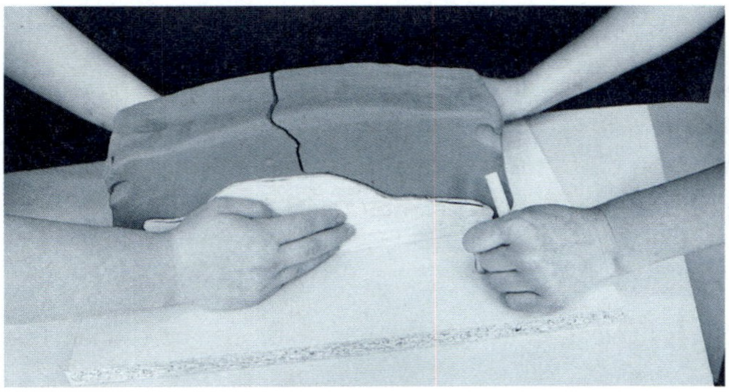
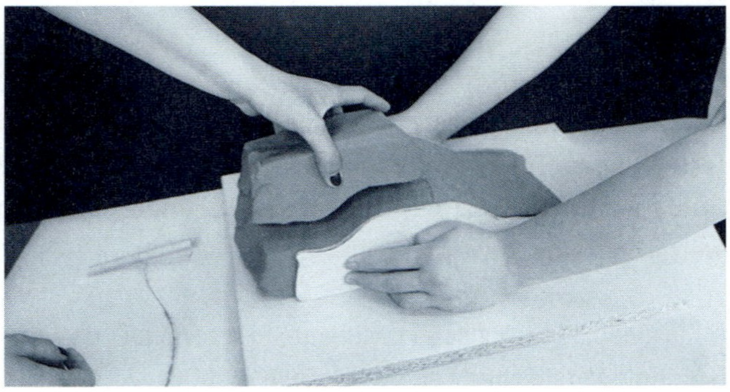
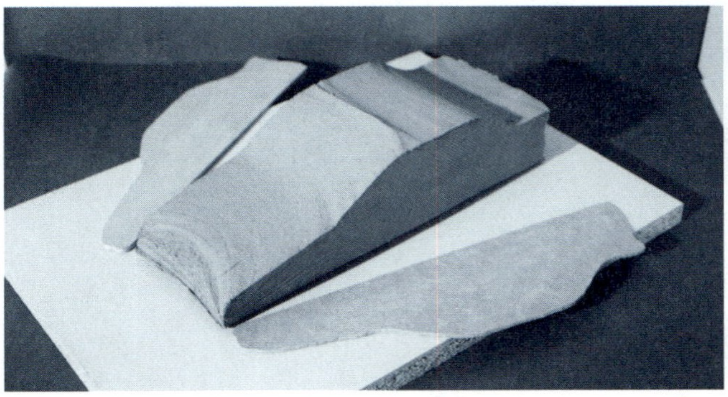
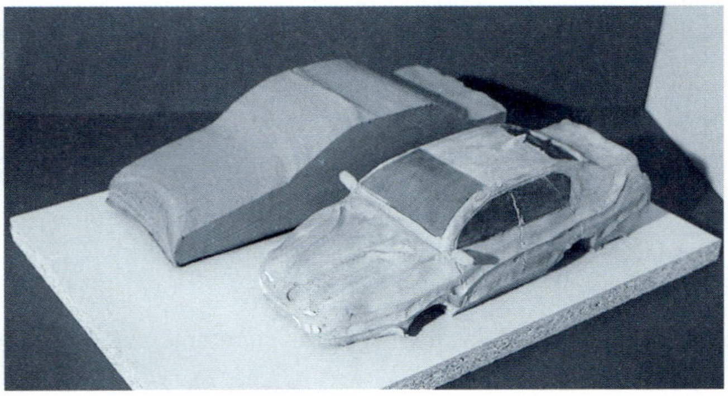

3. Modelliere das Auto so fein du kannst und lass all dein Wissen aus den Vorüberlegungen und aus der Aerodynamik einfließen.

Wenn du Ton abträgst, knete ihn zu größeren Klumpen zusammen, weil kleine Bröckchen schnell austrocknen. Am Ende einer Arbeitsphase muss das Modell mitsamt der Arbeitsplatte luftdicht verpackt werden (üblicherweise in Plastiktüten), damit der Ton nicht austrocknet. Vor dem Eintüten kann man den Ton zusätzlich in ein feuchtes Tuch hüllen, um ihn für die nächste Sitzung wieder geschmeidiger zu machen.

4. And the winner is ...

Bildet eine Jury, die die fertigen Entwürfe bewertet. Die Jury kann aus allen Schülerinnen und Schülern bestehen oder es wird eine mehrköpfige Jury, z.B. aus Kunst- und NwT-Lehrkräften, benannt.

Um ein reines Geschmacksurteil weitgehend auszuschließen, werden bestimmte Bewertungskriterien festgelegt. Beispielsweise vergibt man für die „vier Aspekte guten Designs“ (Arbeitsblatt 8) jeweils maximal fünf Punkte.

17 Ein Automodell aus Styropor herstellen

Info

Während des Entwicklungs- und Designprozesses beim Autobau wird die Aerodynamik ständig optimiert. Dazu gehören Computersimulationen und Windkanaltests an 1:1-Modellen.
Das in Arbeitsblatt 9 gezeichnete Automodell wird nun in ein Styropormodell umgesetzt. Mit diesem Modell werden Fallexperimente wie in Arbeitsblatt 6 zur c_w-Wert-Messung durchgeführt.

Sicherheit beim Schneiden von Styropor/Styrodur:
Styropor oder Styrodur lässt sich sehr gut mit einem heißen Draht (Vorsicht!) schneiden. Dabei entstehen jedoch giftige Dämpfe, die man nicht einatmen darf. Arbeite nur in gut belüfteten Räumen; öffne am besten alle Türen bzw. mehrere Fenster des Raumes.

Nur in gut belüfteten Räumen arbeiten!

Vorsicht heiß!

1. Bau des Styropormodells

a) Maßstabsbestimmung

Das Styropormodell sollte nicht größer als 200 mm (Länge), 80 mm (Breite) und 50 mm (Höhe) sein. Bestimme einen Maßstab für dein Modell, indem du realistische Größen für dein Auto annimmst (oder auf dem Parkplatz der Schule echte Autos ausmisst).
Beispielrechnung (Dreisatz):

$$4{,}5\ \text{m} \ \hat{=}\ 200\ \text{mm}$$
$$22{,}5\ \text{mm} \ \hat{=}\ 1\ \text{mm}$$

d.h. wir haben einen Maßstab von 1:22,5.

b) Schablone für den Schnitt von der Seite

Mache zuerst einige Vorübungen mit der Styroporschneidemaschine. Es kommt darauf an, das Styropor nicht zu schnell und nicht zu langsam am Draht entlang zu schieben. Schiebst du zu langsam, brennt die Hitze des Drahtes tiefer ins Styropor. Schiebst du zu schnell, kühlt der Draht zu schnell ab und bleibt stecken. Übe so lange, bis schöne flache Schnittflächen entstehen.
Um ein gleichmäßiges Auto zu schneiden, fertige zwei Schablonen aus Pappe von der Seitenansicht und klebe diese auf beiden Seiten an einen Styroporquader.

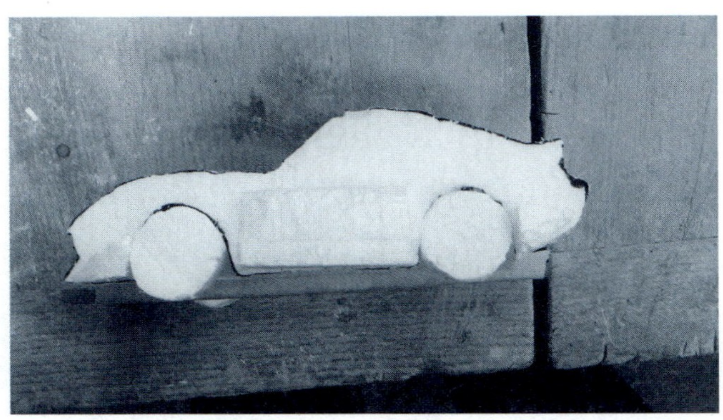

Die Seitenansichten für die Schablone lassen sich auf zwei Arten gewinnen.

- CAD-Entwurf/Zeichenentwurf: Aus der Skizze der Seitenansicht oder aus einer technischen Zeichnung kannst du die Seitenansicht ausdrucken. Kopiere diesen Ausdruck oder die Zeichnung auf Pappe und benutze dies als Schablone zum Ausschneiden.
- Tonmodell: Benutze als Schablone die bereits hergestellten Brettchen von Arbeitsblatt 16.

Um den c_w-Wert auch von Formen mit komplizierter Querschnittsfläche zu bestimmen, kannst du noch Radkästen ausschneiden oder Räder, Rückspiegel oder Seitenkästen ankleben und die Form verrunden. Kanten verrundet man am besten mit drei oder mehr Schnitten.

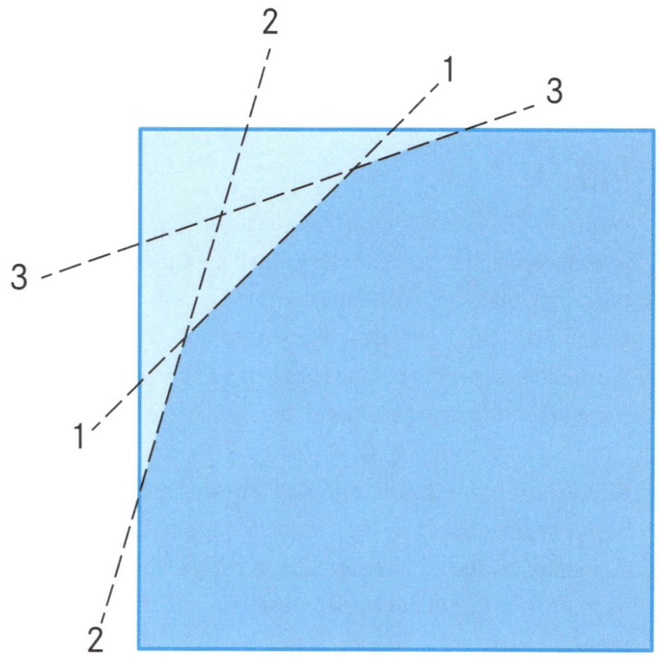

2. Fallversuche

Klebe einen Trinkhalm mit Kreppklebeband längs unter das Auto. Krepp eignet sich gut zum Justieren des Halms, weil es leicht ist und es sich gut abziehen und neu ankleben lässt. Schneide den geriffelten Knickteil des Halms ab und achte darauf, dass der Halm nicht über das Auto hinausragt.

Wiege das Auto mit Trinkhalm und Klebeband und bestimme die Querschnittsfläche.

Führe Fallversuche wie in Arbeitsblatt 6 durch und achte darauf, dass sich das Auto nicht mehr als einmal um den Führungsdraht dreht. Andernfalls sollte der Halm neu angeklebt oder das Auto symmetrischer geschnitten werden.
Bestimme den c_w-Wert auf die bekannte Weise.
Vergleiche den Wert deines Autos mit c_w-Werten von echten Autos.

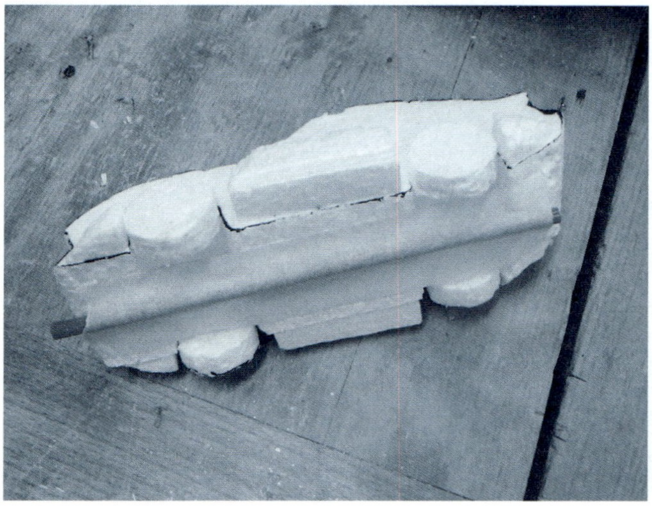

18 Design und Aerodynamik – NwT-Klassenarbeit

Name: **Klasse:** **Datum:**

Aufgabe 1

Gib zwei Möglichkeiten an, wie du beim Fahrradfahren mit gleichem Energieaufwand schneller fahren kannst.

Aufgabe 2

Gib die Formel für den Luftwiderstand an und benenne die Größen.

Aufgabe 3

In welchem Bereich liegen die c_w-Werte handelsüblicher Autos?

Aufgabe 4

Freier Fall: Berechne die Geschwindigkeit eines Körpers, der aus 10 m Höhe fällt (rechne mit $g = 10\ \text{m/s}^2$).

Aufgabe 5

Das Schaubild zeigt das Diagramm von drei Fallkurven.

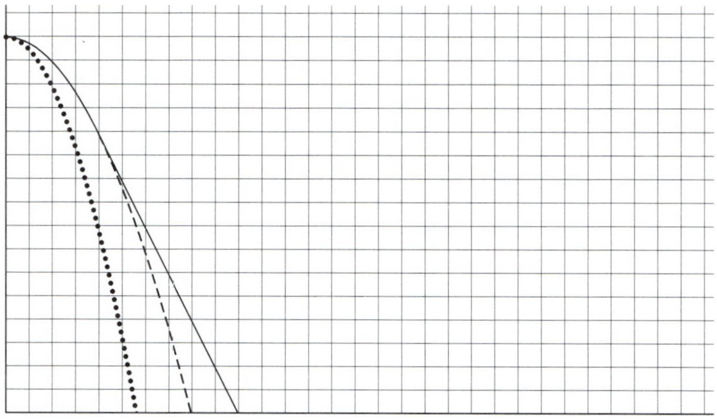

a) Beschrifte die Achsen.

b) Vergleiche die Geschwindigkeiten kurz vor dem Auftreffen.

c) Welche Kurve gehört zum freien Fall? Begründe.

d) Ordne die beiden anderen Kurven einen Falltyp zu.

e) Extrapunkte:
Berechne die Fallhöhe unter der Annahme, dass eine Kästchenbreite 0,5 s entspricht.

Aufgabe 6

Nenne vier Kriterien, die gutes Design erfüllen sollte, und erkläre am Beispiel der abgebildeten Turnschuhe, wie diese umgesetzt wurden.

Aufgabe 7

Ein Automobilkonzern plant die Einführung eines neuen Fahrzeuges. Zielgruppe ist „die junge Familie mit ein bis zwei Kindern“. Welche Anforderungen würdest du an das Fahrzeug stellen?

Aufgabe 8

Ein neuer Kleinwagen soll gestaltet werden. Er ist überdurchschnittlich motorisiert und soll in seiner Gestaltung Fahrspaß und Dynamik zum Ausdruck bringen. Skizziere mit dem Bleistift einen Entwurf für ein solches Fahrzeug. (Ergänze die Skizze; nur der Radabstand ist festgelegt.)

Auf den folgenden Seiten finden Sie die Lösungen zu den vorhergehenden Arbeitsblättern.

Alle Arbeits- und Lösungsblätter finden Sie auch auf der beiliegenden DVD.

1 Wie wir uns Autos denken und gestalten

Vorüberlegungen
Täglich sind wir von einer Vielzahl von Autos umgeben. Ihr Erscheinungsbild hängt nicht nur vom Gestaltungswillen der Designer ab, sondern es wird durch die Funktion der Fahrzeuge und durch aerodynamische Grundlagen bestimmt. Verschiedene Fahrzeugtypen haben sich dabei im Lauf der Automobilgeschichte durchgesetzt und prägen unsere Vorstellungen.

1. Forme ein ca. 20 cm langes Auto aus Ton.
Bevor du beginnst, mache dir die Nutzung des Fahrzeuges klar. Diese muss später der fertigen Tonmaquette anzusehen sein. Eine Maquette ist ein kleinformatiger Entwurf, ein Modell. Räder werden nur angedeutet, das Auto steht auf seinem Unterboden.
Die Bearbeitungszeit beträgt maximal eine Stunde. Nach der Fertigstellung wird das Auto von mehreren Seiten fotografiert. Achte dabei auf einen guten Kontrast zum Hintergrund. Der Ton kann wiederverwendet werden (etwas anfeuchten und luftdicht in Folie packen).

2. Betrachte die Fotos aller entstandenen Modelle.

a) Sieht man den Modellen an, für welche Nutzung sie geeignet sind? Begründe exemplarisch für drei der entstandenen Arbeiten.

Schülerindividuelle Antwort; z.B.: Das Fahrzeug ist eine typische Limousine. Es sieht elegant aus und verspricht eine sichere und bequeme Beförderung der Insassen. Für den Transport größerer Gegenstände ist der kleine Kofferraum eher ungeeignet.

b) Gruppiere die entstandenen Entwürfe zu Fahrzeugtypen.

Limousine:

Van:

Kleinwagen:

Lkw:

Kombi:

Coupé:

c) Gibt es Modelle, die sich keinem bekannten Fahrzeugtyp zuordnen lassen?
Wenn ja: Wer kommt als Käufer dieses Fahrzeuges infrage?
Wenn nein: Warum ist niemand auf eine ganz neue Idee gekommen?

Schülerindividuelle Antwort. – Vermutlich gibt es kein Modell, das sich gar nicht zuordnen lässt. Alleine schon Fahrgastzelle, Kofferraum und Antriebseinheit geben der Gestaltung vieles vor. Zusätzlich sind wir stark von unseren Sehgewohnheiten geprägt.

3. Drei Fahrzeugtypen stellen sich vor: Limousine, Van und Kleinwagen. Formuliere einen kleinen Text, in dem zuerst das Auto und dann der Fahrer zu Wort kommt.

a) Das Auto kommt zu Wort und erklärt, was es seinem Käufer verspricht.

Limousine: Ich bin schön und elegant. Wenn du mit mir vorfährst, gehörst du zu den Reichen und Schönen! Ich bin bequem und sicher. Mit mir kannst du 200 fahren und trotzdem leise Musik hören. Du musst weit reisen? Du wirst entspannt ankommen.

Kleinwagen: Ich bin ein Allrounder – mit mir kann man große Teile transportieren, einkaufen, verreisen, umziehen, Gleitschirm fliegen oder drei Kinder mitnehmen. Ich funktioniere immer und du musst dir keine Gedanken machen.

Van: Ich bin wendig, passe in jede Parklücke, verbrauche wenig Treibstoff und koste auch sonst nur wenig. Trotzdem bin ich auf den allermeisten deiner Wege vollkommen tauglich. Ich bin smart, clever und leicht.

b) Der Fahrer erklärt, wer er ist und was er von seinem Fahrzeug erwartet.

Fahrer einer Limousine: Ich habe Geld und Freude an schönen Dingen. Ich freue mich, wenn mich andere bewundern. Ich habe es nicht nötig, meine Waschmaschine selbst zu transportieren. Weite Fahrstrecken dürfen mich nicht anstrengen. Ich will entspannt und sicher ans Ziel kommen.

Fahrer eines Kleinwagens: Ich bin jung und will mobil sein. Ich bin meist alleine oder mit ein oder zwei Freunden unterwegs. Wenn ein Grill in den Kofferraum passt, reicht mir das. Mir ist wichtig, dass ich beim Autofahren nicht arm werde. Gut finde ich auch, wenn ich in jede Parklücke komme. Mein Auto darf originell und stylish sein.

Fahrer eines Vans: Ich habe eine größere Familie. Mit meinem Auto will ich auch Sachen transportieren. Wenn ich in den Urlaub fahre, gehe ich gerne zelten und nehme die Fahrräder mit. Ich will nicht lange überlegen, ob das Surfbrett auch noch Platz hat. Ich will trotzdem in einer normalen Parklücke parken können.

2 Wie sich Fortbewegung und Lebensraum beeinflussen

Vorüberlegungen
Bestimmte Fische haben sich im Laufe der Evolution, auch durch die Art ihrer Fortbewegung, an bestimmte Lebensräume angepasst. Wir suchen Parallelen zu den Einsatzgebieten verschiedener Automobile.

1. Beschreibe den Lebensraum der drei abgebildeten Fischarten. Inwiefern ist die Fortbewegung für die Erschließung des Lebensraumes optimiert?

Kofferfisch	Wal	Hai
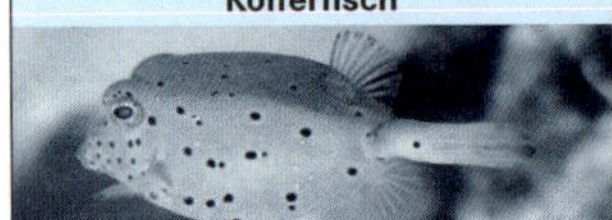	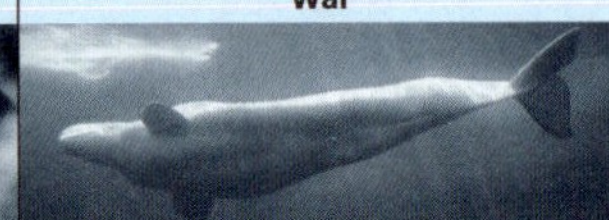	
Lebensraum: Riffe; wendig, passt in kleine Spalten, langsam	Lebensraum: Weltmeere; 30 km/h, meist konstante Geschwindigkeit, großes Volumen	Lebensraum: Weltmeere; 50 km/h, kann gut beschleunigen

Der Kofferfisch ist klein und wendig; er nimmt mit seiner Kleinnahrung viel Wasser auf und benötigt deshalb ein relativ großes Volumen. Der Wal legt große Strecken im Meer zurück; weil auch er sich von Kleinnahrung ernährt, muss er riesige Wassermengen aufnehmen können. Der Hai ist ein Jäger und muss deshalb mit großer Beschleunigung auf seine Beute zuschießen können.

2. Wo und wie können die gezeigten Automodelle am besten eingesetzt werden?

Viano	SLS AMG	Smart

Familientransporter, großes Ladevolumen, mittlere Autobahngeschwindigkeiten	schnell, gute Beschleunigung, relativ geringes Platzangebot	Stadtauto, passt in kleine Parklücken, ist aber nicht besonders schnell

Der Viano wird eingesetzt, wenn viele Personen oder viel Gepäck über längere Strecken transportiert werden müssen. Der Sportwagen ist auf Geschwindigkeit, Beschleunigung und auffallendes Äußeres ausgelegt. Der Smart wird überwiegend als Stadtauto benutzt. Er ist wendig und nutzt kleine Parklücken.

3. Ordne zu: Welche Parallelen siehst du bei den Fischen und den Autos?

Kofferfisch und Smart → klein und wendig
Wal und Viano → großes Volumen, gute Reisegeschwindigkeit über längere Entfernungen
Hai und SLS → schnell, gute Beschleunigung

3 Luftwiderstand beim Fahrradfahren

Erinnere dich:
Was spürst du, wenn du mit dem Fahrrad fährst?

1. Wenn du sehr schnell mit dem Fahrrad fährst, kannst du den Fahrtwind und den Antrieb durch das Treten spüren. Beschreibe dies mit eigenen Worten.

Ich spüre den Wind im Gesicht, er kommt mir entgegen. Der Fahrtwind drückt gegen meinen Körper. Die Pedale müssen mit viel Kraft getreten werden, wenn ich noch schneller werden will.

2. Stell dir vor, du bist auf dem Fahrrad schnell einen Berg heruntergerollt und befindest dich nun auf einer langen, flachen Geraden. Was machst du, um ohne zu treten möglichst lange in Fahrt zu bleiben?

Ich beuge mich so weit wie möglich nach vorne und mache mich lang. Von vorne gesehen bin ich damit so klein und windschnittig wie möglich.

3. Wann spürst du den Fahrtwind stärker: wenn du schnell oder wenn du langsam fährst? Formuliere einen „je-desto"-Satz über die Abhängigkeit des Luftwiderstands von deiner Geschwindigkeit.

Je schneller ich fahre, desto größer ist der Luftwiderstand.

4. Ein Schüler fährt gleichmäßig mit dem Fahrrad (15 km/h) und hat eine Leistung von 80 W. Ein gut trainierter Radrennfahrer hat eine Leistung von 400 W und erreicht eine Dauergeschwindigkeit von 40 km/h.
Übertrage die Geschwindigkeiten in das Diagramm. Eine Glühlampe symbolisiert 40 W. Zeichne die Kurve und überlege, warum die Geschwindigkeit nicht linear ansteigt.

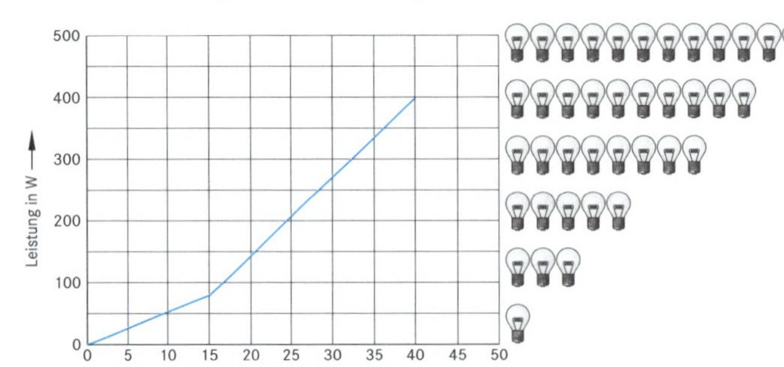

40 W

Die Geschwindigkeit steigt nicht linear an, weil der Luftwiderstand mit zunehmender Geschwindigkeit viel schneller steigt.

Versuchsaufbau Draufsicht:

Konstant: Länge der Strecke s (Luftstrom und Fläche stehen immer senkrecht) = ____________ cm

Die Lösungen für den Versuch fallen individuell je nach Versuchsaufbau aus.

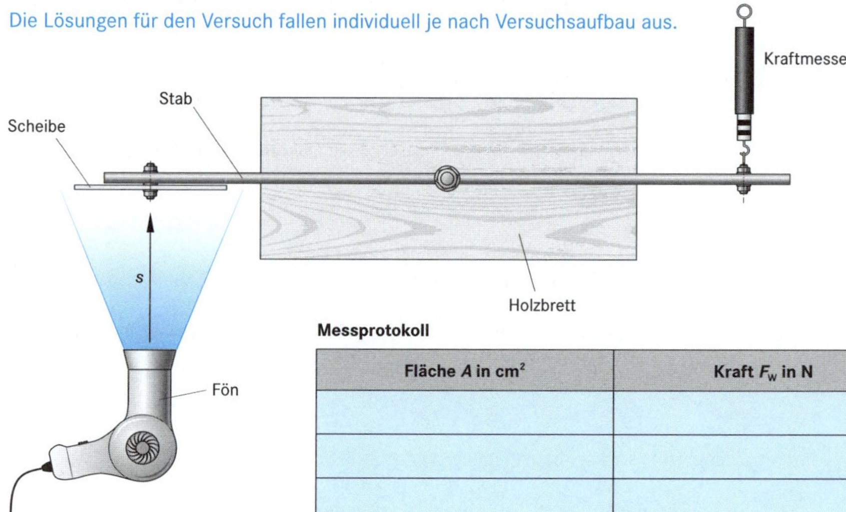

Messprotokoll

Fläche A in cm²	Kraft F_W in N

Aufgaben

1. **Stelle die Abhängigkeit in einem F_W-A-Diagramm dar.**

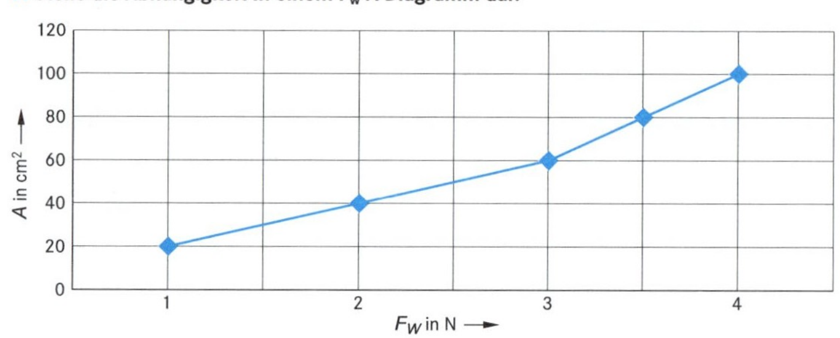

2. **Formuliere den Zusammenhang.**

Je größer die Fläche A, desto größer ist der Luftwiderstand F_W.

3. **Nenne zwei Beispiele aus dem Alltag, aus denen dieser Zusammenhang deutlich wird.**

Auf dem Rad gebückt (kleiner Widerstand) oder aufrecht fahren (hoher Widerstand).
Hand im Fahrtwind senkrecht (groß) oder horizontal (klein) halten.

Versuchsdurchführung:

a) **Bereite die vier Formen vor. Ermittle die zugehörigen Sinkzeiten t_{Sink} zum Durchlaufen der Strecke s dreimal und trage die Zeiten in die Tabelle ein.**

b) **Bilde den Mittelwert und trage diesen ein.**

Konstant: Anströmfläche A = 20 cm² (gerundet)

Form	Strecke in cm	Zeit 1 in s	Zeit 2 in s	Zeit 3 in s	Mittelwert in s
Kugel	40	2,1			
Halbkugel rund	40	1,9			
Halbkugel flach	40	3,8			
Quader	40	3,2			

Achtung! Die Schülerlösungen können je nach Höhe des Gefäßes und Größe der Formen abweichen.

Aufgaben

1. **Ordne die Formen nach Sinkzeit.**

Halbkugel rund – Kugel – Quader – Halbkugel flach

2. **Gib den Strömungswiderstand der Formen in Prozent an. Lege die beste Form mit 100 % zugrunde.**

Halbkugel rund = 100 %, Kugel = 110 %, Quader = 170 %, Halbkugel flach = 200 %

Strömungswiderstand in Wasser: Formen der Natur

Vorüberlegungen

Die Natur hat für die Fortbewegung im Wasser optimale Formen ausgebildet.
Nun wird untersucht, wie bei gleichem Volumen die Strömungswiderstände von der Form beeinflusst werden.

Material:
Schwimmknete (ca. 200 ml), Hakengewicht (10 g – 20 g), Blumenkasten aus Kunststoff (0,8 m – 1 m), Bindfaden, Akkubohrschrauber, Bohrer (4 mm), 2 Zahnstocher, 2 Rollen, Stativmaterial, Stoppuhr, 2 Gummibänder (die dazu dienen, die Start- und Zielposition = Bugspitze genau festzulegen), Tischklemmen, Gießkanne, Schlauch, Eimer.

Versuchsdurchführung:

Bei allen Versuchen soll die Masse/das Volumen der Schwimmknete gleichbleiben.

a) Forme einen Kofferfisch, einen Wal, einen Hai und ermittle die zugehörigen Zeiten *t* zum Durchlaufen der Strecke *s*.

b) Finde eigene Formen, von welchen du glaubst, dass sie schneller sein können.

Konstant: Masse des Beschleunigungsgewichtes = 10 g

Länge der Strecke *s* (immer an der Körperspitze gemessen) = 55 cm

Form	Strecke in cm	Zeit 1 in s	Zeit 2 in s	Zeit 3 in s	Mittelwert in s
Kofferfisch	55	3,6			
Wal	55	2,0			
Hai	55	2,1			
beste Eigenform	55	1,9			

Achtung! Die Schülerlösungen können je nach Masse des geformten Fisches und der vom gewählten Blumenkasten abhängigen Strecke *s* abweichen.

Aufgaben

1. Interpretiere die Ergebnisse der Fischformen.

Der Kofferfisch hat einen sehr großen, Wal und Hai haben einen kleinen Strömungswiderstand.

2. Wo findest du diese Formen in Fahrzeugen, Flugzeugen, Schiffen, ... wieder?

Walähnlich sind U-Boot und moderne Schiffsrümpfe. Pontons zum Transport von Material ähneln mehr dem Kofferfisch, Schnellboote haben eher Haiform.

3. Weshalb besitzen unsere Autos nicht diese Form?

Aus Sicherheitsgründen und aufgrund der Dreiteilung: Motorraum, Passagierzelle und Kofferraum.

4. Interpretiere die Ergebnisse deiner eigenen Form im Vergleich mit den anderen Formen.

Schülerindividuelle Antwort; z.B.: Sie ist eine Mischung aus Wal und Hai und dabei möglichst langgestreckt.

6 Fallversuche zur Luftwiderstandsmessung

Vorüberlegungen

Fallschirmspringer beschleunigen zunächst und erreichen im Fallen eine maximale Geschwindigkeit. Dann ist der Luftwiderstand F_W, der den Fallschirmspringer bremst, gleich groß wie die Gewichtskraft F_G, die ihn zur Erde zieht: $F_W = F_G$.

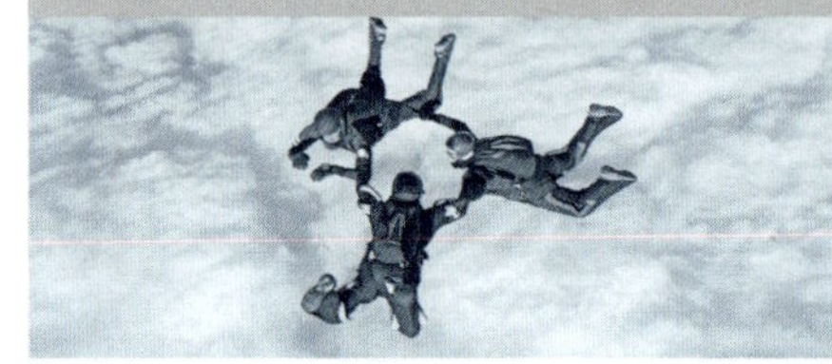

1. In welcher Lage fallen die Fallschirmspringer schneller? Begründe die Antwort.

Je größer die Fläche, desto größer ist der Luftwiderstand. Deshalb fällt der flach liegende Fallschirmspringer langsamer als die mit dem Kopf voraus fliegenden Fallschirmspringer.

2. Leichte Körper mit einem großen Luftwiderstand erreichen bei kleinen Fallhöhen ihre Endgeschwindigkeit. Nenne mindestens drei Beispiele.

Luftballon, Styroporformen, Plastiktüten, leicht zerknülltes Papier, Feder, Schnee, Nebel/Wolken, Blätter

Fallversuche ohne Seil

Versuchsbeschreibung:
Ein leichter Ball (Luftballon, Gummiball) wird aus unterschiedlichen Höhen (50 cm, 1 m, 2 m und 3 m) fallengelassen und die Fallzeit mit der Stoppuhr gemessen. Alternativ kann man den Fall auch filmen und die einzelnen Bilder auswerten. Beobachte die Geschwindigkeit und beantworte folgende Fragen.

Lass die Körper in eine gepolsterte Kiste fallen oder auf einen Stapel Jacken, damit nichts kaputt geht!

a) Beschreibe die Geschwindigkeit während des Fallens.

Zu Beginn hat die Styroporkugel kaum Geschwindigkeit. Sie wird dann schneller und hat die größte Geschwindigkeit, wenn sie am Boden aufkommt.

b) Notiere hier deine gemessenen Werte.

Schülerindividuelle Antwort

c) **Lassen wir einen kleinen, schweren Körper (Golfball, Flummi) fallen, so braucht der Körper für gleich lange Strecken immer weniger Zeit, er wird also immer schneller.**

Begründung:
Die Gewichtskraft des Körpers ist viel größer als die Luftwiderstandskraft (für diese niedrigen Geschwindigkeiten), deshalb wird der Körper während des Fallens nach der Grundgleichung der Mechanik immer weiter beschleunigt.

d) **Ergänze: Lassen wir einen großen, leichten Körper (Luftballon) fallen, so braucht der Körper für gleich lange**

Strecken immer ___die gleiche___ **Zeit, bleibt also immer** ___gleich schnell___.

Begründung:
Die Gewichtskraft des Körpers ist klein, seine Querschnittsfläche groß. Die Luftwiderstandskraft erreicht damit schnell die Geschwindigkeit, bei der ein Kräftegleichgewicht herrscht. Deshalb wird der Körper während des Fallens nach der Grundgleichung der Mechanik nicht weiter beschleunigt.

e) **Sortiere die folgenden Gegenstände danach, wie stark sie im Fallen von der Luft gebremst werden. Gib dem Körper, der am stärksten gebremst wird, die Ziffer 1 und fahre fort bis zur Ziffer 8.**

- Styroporkugel: 2
- Fußball: 5
- zusammengeknülltes Papier: 3
- mit Silikon gefüllter Tennisball: 6
- Luftballon: 1
- Golfball: 7
- Tennisball: 4
- kleine Stahlkugel: 8

Begründung:
Je größer die Gewichtskraft eines Körpers im Vergleich zur Luftwiderstandskraft ist, desto weniger wird der Körper gebremst. Je schwerer also ein Körper ist und je kleiner seine Querschnitts- oder Stirnfläche, desto schneller beschleunigt er im Fallen.

Luftwiderstandskraft (allgemein die Strömungswiderstandskraft F_W)
Der Strömungswiderstand ist von der Querschnittsfläche A des Körpers, seiner Form und der Geschwindigkeit v abhängig. Damit ergibt sich für die Kraft F_W, die den Körper bremst:

Luftwiderstandskraft: $F_W = \frac{1}{2} \cdot c_w \cdot \rho_L \cdot A \cdot v^2$ (ρ_L: Dichte der Luft)

Der sogenannte c_w-Wert hängt von der Form des Körpers ab. Er ist umso größer, je mehr Kraft (Energie) die Luft benötigt, um um einen Körper herumzufließen.
Der c_w-Wert wird experimentell über Windkanalmessungen bestimmt oder über Computersimulationen von Strömungen berechnet. Im Windkanal wird die Luftwiderstandskraft gemessen; bei bekannter Querschnittsfläche (Stirnfläche) A, der Luftdichte ρ_L und der (im Windkanal eingestellten) Luftgeschwindigkeit lässt sich die Formel nach dem c_w-Wert auflösen.

Info

Für Fallexperimente benötigt man viele Daten zur Fallstrecke und der dazugehörenden Fallzeit. Das ist langwierig und umständlich. Mit technischen Hilfsmitteln wie z.B. Lichtschranken geht es etwas schneller. Am schnellsten geht es jedoch, wenn man den Fall filmt (Handy, Videokamera) und entweder aus der Einzelbildfolge oder mithilfe von Videoauswertungssoftware diese Datenpaare ermittelt.
Die Daten werden in eine Tabelle eingetragen und daraus Zeit-Weg-Diagramme erstellt.

Versuchsdurchführung:

Zeit t in s	Höhe h in m

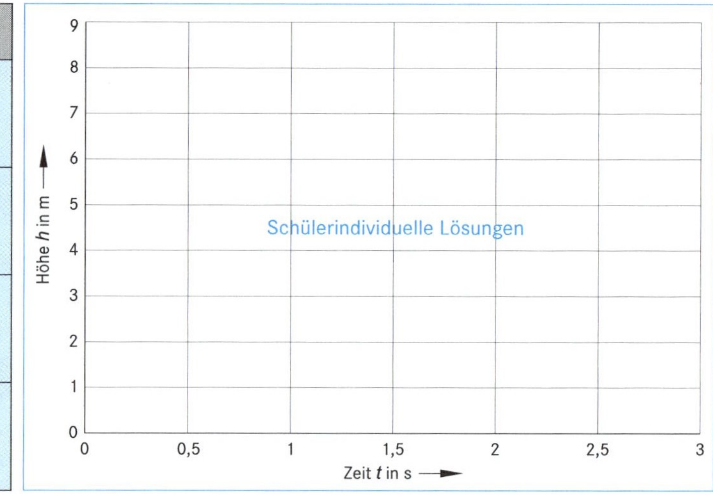

Bei diesem Fallexperiment interessiert uns vor allem, welche Endgeschwindigkeit der Körper erreicht. Erreicht der Körper seine Endgeschwindigkeit während des Falls, ist die Luftwiderstandskraft genauso groß wie die Gewichtskraft des Körpers. Es gilt also:

$$F_W = F_G$$
$$\frac{1}{2}\, c_w \cdot \rho_L \cdot A \cdot v^2 = m \cdot g$$

a) **Bis auf den c_w-Wert können wir alle Werte in der Gleichung (A, v, m, g) bestimmen. Wie ermittelt man die Endgeschwindigkeit?**

Man ermittelt die Endgeschwindigkeit über ein Diagramm (siehe nächste Seite).

Das Diagramm zeigt zwei Fallkurven, zum einen den freien Fall (ohne jegliche Reibung) und zum anderen einen Fall mit Luftwiderstand.

b) Ergänze:
Eine konstante Geschwindigkeit heißt, dass man in gleichen Zeitabschnitten gleiche Streckenabschnitte **zurücklegt.**

Im Diagramm erhält man die konstante Geschwindigkeit des fallenden Körpers im Bereich der Geraden zwischen zwei Messpunkten als Steigungsdreieck oder als Formel wie im Mathematikunterricht. Trage die Formel hier ein:

$$v = \frac{\Delta h}{\Delta t}$$

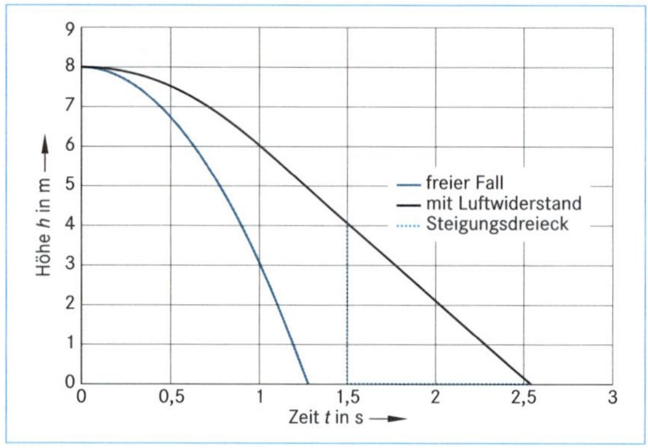

c) Auswertung und Ergebnisse:
Lass nun alle Versuchskörper drei- bis fünfmal fallen und bestimme den jeweiligen c_w-Wert.

Gleichung nach c_w aufgelöst: $c_w = \frac{(2\,m \cdot g)}{(\rho_L \cdot A \cdot v^2)}$

$\rho_L = 1{,}2041\ \text{kg/m}^3$ $g = 9{,}81\ \text{N/kg} = 9{,}81\ \text{m/s}^2$

Versuchskörper	Masse	Fläche	Endgeschwindigkeit	c_w-Wert
Würfel				über 2
Kugel		Schülerindividuelle Lösungen		0,45
Halbkugel (rund, von vorne)				0,34
Halbkugel (flach, von hinten)				1,33

d) Welcher Körper hat den besten c_w-Wert? Notiere die Körper mit aufsteigendem c_w-Wert.

Halbkugel (rund, von vorne), Kugel, Halbkugel (flach, von hinten), Würfel

7 Physikvokabeln

Fachwörter aus der Physik und der Aerodynamik müssen gefunden werden.
(Verwende Umlaute: Ä = Ä usw.)

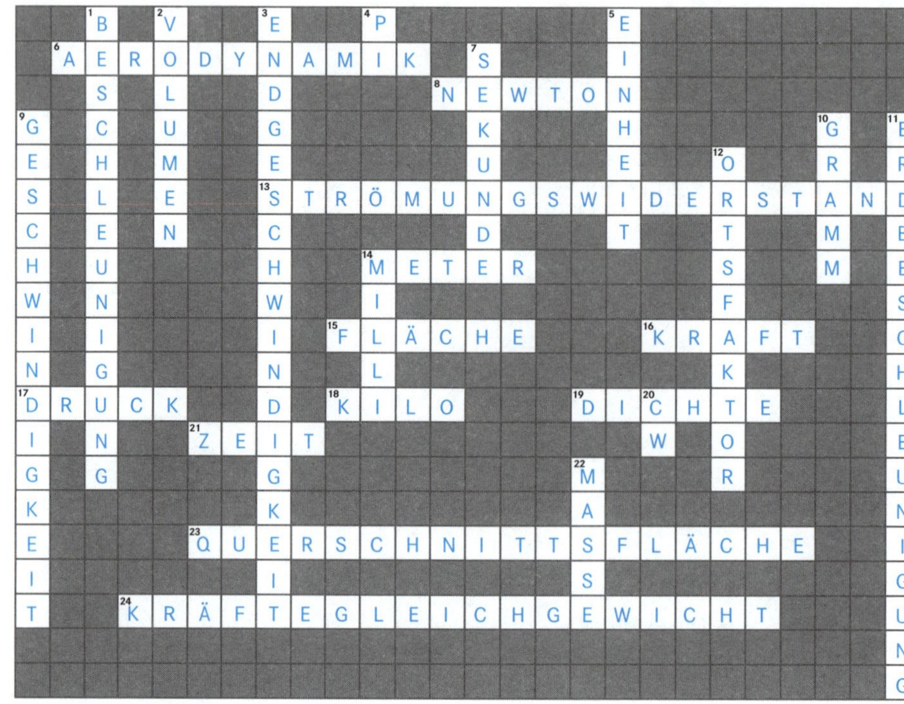

waagerecht
6. Lehre von der Bewegung von Körpern und Gasen und den dabei auftretenden Kräften
8. Krafteinheit
13. Kraft, die auf einen umströmten Körper wirkt
14. Längeneinheit
15. ... wird in Quadratmetern angegeben.
16. Eine ... erkennt man an ihrer Wirkung.
17. Kraft pro Fläche (Energie pro Volumen)
18. Vorsilbe für Tausend
19. Masse pro Volumen
21. ... wird in Sekunden angegeben.
23. Der Schnitt durch einen Körper zeigt die ...
24. Heben sich die Kräfte, die auf einen Körper wirken, gegenseitig auf, spricht man von ...

senkrecht
1. Das „Schnellerwerden"
2. Rauminhalt eines Körpers
3. Ein leichter Körper erreicht beim Fallen eine ...
4. Kreiszahl 3,14...
5. Zeit hat die ... Sekunde, Kraft die ... Newton.
7. Zeiteinheit
9. Tempo (Physik)
10. Masseneinheit
11. Fallbeschleunigung auf der Erde
12. Anderes Wort für Erdbeschleunigung g
14. Vorsilbe für ein Tausendstel
20. Strömungswiderstandskoeffizient (Kurzzeichen)
22. Gewicht (Physik)

8 Auf der Suche nach gutem Design

Vorüberlegungen

Unsere Welt ist von A bis Z durchgestaltet. Selbst die trivialsten Gegenstände (eine Türklinke oder eine Wasserflasche) transportieren über ihre Erscheinung eine visuelle Information, die wir meist unbewusst verstehen. Der Benutzer reflektiert die Gestaltung aber meist nicht über ein Geschmacksurteil hinaus: Es gefällt oder es gefällt nicht. Ein Designer hingegen weiß sehr genau, wie er die Dinge im Hinblick auf Form, Funktion und Zielgruppe gestalten muss.

Anhand einer Reihe von Designklassikern versuchen wir zu verstehen, was gutes Design ausmacht, d.h. wann es gelingt, eine Gestaltung zu finden, die viele Menschen auch über einen größeren Zeitraum hinweg als gut, richtig, treffend und schön empfinden.

1. **Am Ende dieses Arbeitsblattes auf den Seiten 39 und 40 findest du eine Reihe von Designklassikern. Suche dir drei davon aus und formuliere, was deiner Meinung nach an der Gestaltung so gut gelungen ist, dass das Produkt zum Designklassiker wurde.**

2. **Über das persönliche Geschmacksurteil hinaus: was macht gutes Design aus?**

a) Finde vier Aspekte guten Designs und notiere sie im Schaubild.

Klarheit:
An dem Gegenstand scheint nichts überflüssig zu sein. Die Ökonomie der Mittel ist gewahrt: Alles was in der Gestaltung oder der Funktionalität erreicht werden soll, wird mit möglichst einfachen Mitteln erreicht, sodass eine Klarheit und Prägnanz entsteht. Der Einsatz der Gestaltungsmittel wird nachvollziehbar.

Funktionalität:
Die Gestaltung beeinträchtigt nicht die Handhabung, sondern unterstützt diese auf eine möglichst selbstverständliche Weise.

(Schülerindividuelle Antwort)

Aspekte guten Designs

Originalität:
Der Gegenstand ist so noch nicht dagewesen. Trotzdem basiert er auf dem, was wir gewohnt sind und widerspricht nicht völlig unseren Sehgewohnheiten.

Ganzheitlichkeit:
Der Gegenstand erscheint wie aus einem Guss. Alle Teile ergeben ein Ganzes, die Formsprache der Einzelteile bezieht sich auf die anderen Teile.

b) Welche Begriffe hast du gewählt und welche deine Mitschülerinnen und Mitschüler? Diskutiert Gemeinsamkeiten und Unterschiede.

c) Untersuche ein Designobjekt deiner Wahl mithilfe der hier vorgeschlagenen vier Begriffe. Erkläre, wie der Designklassiker diesen Aspekten des guten Designs gerecht wird.

Klarheit:
Der Stuhl wirkt klar: Man erfasst sofort, wie und dass er funktioniert. Die Stahlrohre scheinen stabil zu sein, die Kunststoffkappen verhindern Kratzer, die Holzschale sieht einladend geformt aus. Mehr braucht ein Stuhl nicht. Nichts erscheint überflüssig.

Funktionalität:
Der Stuhl von Arne Jacobsen ist funktional. Natürlich kann man darauf Platz nehmen, die geschwungene Holzfläche schmiegt sich an den Körper und nimmt die Rundungen desselben auf – man sitzt bequem. Zudem kann man den Stuhl stapeln. Wenn er nicht gebraucht wird, nimmt er wenig Platz weg. Er ist stabil und trotzdem verhältnismäßig leicht und somit gut zu transportieren, um unterschiedlichen Nutzungen gerecht zu werden.

(Schülerindividuelle Antwort)

Originalität:
Der Stuhl ist originell: Die Idee des Stapelstuhls musste erst erfunden werden! Holz zu einer durchgehenden Sitzschale zu formen ist technisch aufwendig. Die Farbgebung ist variabel und so passt der Stuhl in verschiedene Räume. Diese Art Stuhl war unbekannt und hebt sich deutlich von einem typischen Schreinerstuhl ab.

Ganzheitlichkeit:
Schließlich ist der Stuhl ganzheitlich: Die geschwungene Form der Sitzschale wird von den Rundungen der Stahlrohre aufgenommen, sodass zwischen den Einzelteilen ein eleganter Übergang entsteht, obwohl sie aus unterschiedlichen Materialien bestehen und unterschiedliche Farben aufweisen. Die Taillierung der Sitzschale lässt den Stuhl leichter wirken, sodass kein zu starker Kontrast zu der Leichtigkeit der Stahlrohrunterkonstruktion entsteht.

Arne Jacobsen, Stuhl Serie 7, 1950er Jahre

Der Stuhl wirkt schlicht, aber trotzdem originell, v. a. durch die Taillierung seiner Sitzfläche, welche die Körperform aufgreift. Er scheint leicht zu sein, wirkt aber durch die durchgängige Sitzschale und die Stahlrohre auch stabil. Praktisch ist zudem, dass man ihn stapeln kann.

BIC-Feuerzeug, Louis Lucien Lepoix, 1972

Das Feuerzeug ist so groß, dass es gut in der Hand liegt, auch sein ovaler Querschnitt schmeichelt der Hand beim Anfassen. Wie von selbst liegt der Daumen an der richtigen Stelle zum Anzünden. Trotzdem ist die Form denkbar einfach, nichts scheint überflüssig zu sein. Der Zünder sitzt in der Mittelachse – wo sonst?

Coca-Cola-Flasche, Earl R. Dean, 1915 (Entwurf)

Die Form der Kakaobaumfrucht inspirierte Dean zu diesem weltberühmten Design. Die Flasche liegt gut in der Hand und erinnert an den menschlichen Körper. Der Schriftzug ist beschwingt und dynamisch. Die äußere Wölbung der Flasche wiederholt sich in den Längsrillen.

McDonalds Pommes-Tüte, Designer unbekannt

Die Tüte nimmt sich durch den oberen Eingriff zurück und präsentiert den Inhalt! Der Schwung wiederholt sich variiert an der Standfläche und im Logo. Der ovale Querschnitt mit den Falzkanten schmeichelt der Hand und wirkt zugleich wie ein Kistchen (mit wertvollem Inhalt natürlich). Die Tüte lacht einen an!

Schöpfkelle, Designer unbekannt

Die Form der Kelle fließt wie die zu schöpfende Suppe: Der Griff ist noch breit und gut zu fassen, der verjüngte Stielteil nimmt sich zurück, um die üppige Halbkugel hervorzuheben – und mit ihr den Inhalt! Am flachen Griff spürt man die Ausrichtung der Kelle, die Form wird in einem fließenden Übergang nach unten hin plastischer. Alle Schwünge gehen ineinander über.

IKEA-Regal Billy, Gillis Lundgren, 1979

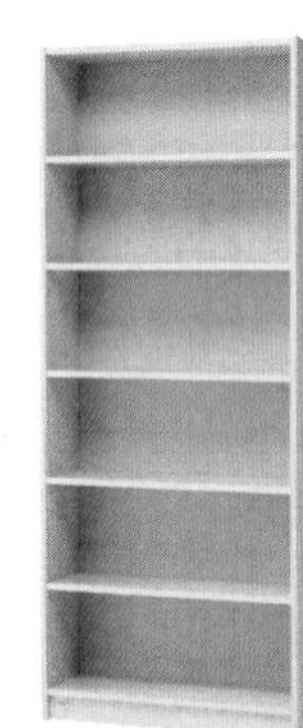

„Ich bin nicht so wichtig, die Bücher und deren Inhalt sind es", scheint uns dieses Regal zu sagen. Alle Bretter, mit Ausnahme des Bodens sind gleich dick. Alle Fächer gleich groß. Man erfasst alles auf einen Blick. Nichts lenkt ab. Das Regal hat man in einem Bruchteil einer Sekunde vergessen und man sieht nur noch seinen Inhalt. Es ist fast eine minimalistische Plastik.

11 Autos entwerfen – Arbeitsweise von Designern und Ingenieuren

Info

Ein neues Auto wird nicht von einem einzelnen Autodesigner entwickelt, sondern in einem langen Prozess, an dem viele Menschen beteiligt sind.
Die Kunst besteht darin, eine neue Form zu entwickeln, die technische und modische Trends berücksichtigt und gleichzeitig das Markendesign des Autoherstellers enthält.
In der Ideenphase werden von den Designern Hunderte von Handskizzen erstellt. Ab einem bestimmten Reifegrad werden einige ausgewählte Entwürfe in die dritte Dimension übertragen (1).
In der Modellphase werden etwa acht Tonmodelle im Maßstab 1:4 erstellt. Alle Modelle werden aerodynamisch überprüft (2).
Die überzeugendsten Modelle werden abgetastet und zu Datenmodellen weiterentwickelt. An einer 7 m breiten Projektionswand werden die Datenmodelle optimiert (3).
Die besten Datenmodelle werden dann als Auswahl in Originalgröße gefräst, geschliffen und lackiert (4). Weitere Prüfungen, Vergleiche und Entscheidungsrunden reduzieren die Auswahl auf zwei Modelle (5).
Wenn alles funktioniert und gefällt, wird das endgültige Modell gefertigt. Die Entscheidung für das neue Modell ist nach etwa zwei Jahren gefallen (6).

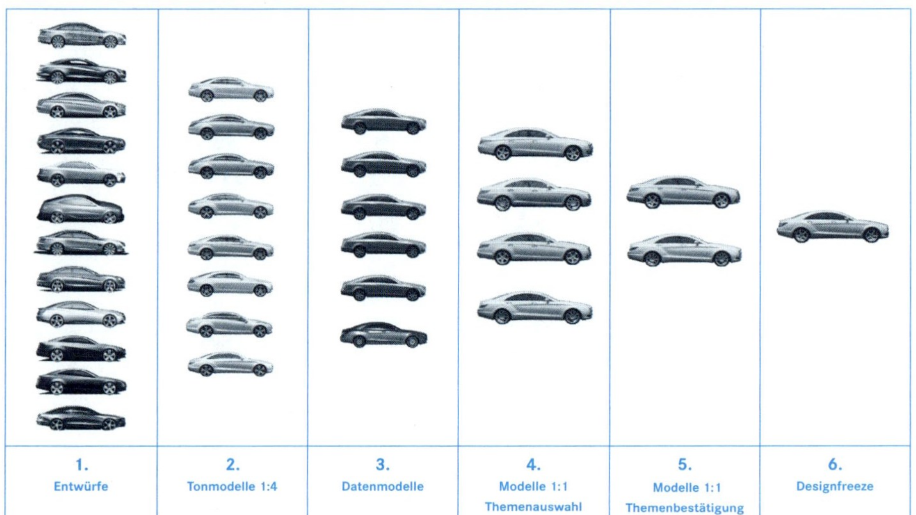

1. **Welcher Schritt bei der Entwicklung eines neuen Autos ist für dich der interessanteste: Bleistiftskizze, Tonmodell, Computermodell oder realitätsnahes Modell in Originalgröße? Begründe deine Entscheidung.**

Schülerindividuelle Antwort; z.B.: Am liebsten würde ich die 1:4-Tonmodelle erstellen, da Ton gut zu formen ist und man viele Details verändern kann. – oder:
Die Datenmodelle weiterzuentwickeln finde ich am interessantesten, da ich gerne am Computer mit dreidimensionalen Darstellungen arbeite.

2. **Die Abbildung zeigt den Ablauf des Designprozesses. Ordne die Nummern in der Abbildung den Beschreibungen zu (Ziffern von 1 bis 9 eintragen).**

8 Die Materialien und Farben für die Innenausstattung werden festgelegt.

1 In der ersten Phase der Entwicklung eines neuen Autos werden an verschiedenen Standorten in der Welt Designkonzepte entwickelt. Diese Concept Cars gestatten einen kleinen Blick in die Zukunft.

4 Das Design der Inneneinrichtung wird zunächst gezeichnet; die besten Entwürfe werden in 1:1-Modellen aufgebaut. Am Modell kann der Designer Gestaltung und Ergonomie prüfen.

6 Modelle in Originalgröße werden gebaut.

3 Das Außendesign wird gezeichnet und in 1:4-Tonmodellen umgesetzt.

5 Das Modell wird in Datenmodelle übertragen und alle technischen Randbedingungen werden überprüft.

2 Aktuelle Forschungsergebnisse und technische Entwicklungen (z.B. Bordcomputer, alternative Antriebe) werden im sogenannten Showcar berücksichtigt.

7 Der Gestaltung der Bedienelemente (z.B. Schalter) und Anzeigen (z.B. Displays) wird viel Aufmerksamkeit geschenkt.

9 Nun wird ein Modell in Originalgröße gebaut, das dem genauen Abbild des zukünftigen Fahrzeugs entspricht.

12 Form follows function

Info

Neben technischen Faktoren und modischen Tendenzen bestimmen immer auch die Funktion und der gewünschte Einsatzbereich die Form des Automobils.
Wenn Designer über die Funktionsbereiche von Automobilen sprechen, benutzen sie die Begriffe One-Box-, Two-Box- oder Three-Box-Auto.
Damit sind die Funktionsbereiche **Motorraum – Fahrgastraum – Kofferraum** gemeint:

One-Box Two-Box Three-Box

1. **Erkläre die Begriffe One-Box-, Two-Box- und Three-Box-Auto hinsichtlich Form und Einsatzbereich.**

Ein One-Box-Auto sieht aus wie aus einer Box gebaut; z.B. ein Kleinwagen oder Van. Der Motor befindet sich meist unter dem Fahrzeug, wodurch der Raum besser genutzt werden kann.

Ein Two-Box-Auto hat neben der Fahrgastzelle einen deutlich erkennbaren Motorraum, aber keinen Kofferraum. Ein Kompaktfahrzeug mit Heckklappe ist dafür typisch.

Bei einem Three-Box-Auto sind Motorraum, Fahrgastzelle und Kofferraum deutlich voneinander zu unterscheiden. Dies ist typisch für eine Limousine oder ein Coupé.

2. **Schau dir die Bildfolge an. Bei welchen Modellen handelt es sich um ein One-, Two-, oder Three-Box-Auto? Geh davon aus, dass alle vier Modelle praktisch die gleiche Bodenplatte und ähnliche Motoren besitzen.**

1

2

3

4

Nr. 4 ist ein One-Box-Auto. Es kann sehr viele Personen oder Gepäck transportieren.
Nr. 3 ist ein Two-Box-Auto. Das Auto soll eine große und einfache Zuladung ermöglichen.
Nr. 1 und Nr. 2 sind Three-Box-Autos.
Nr. 1 ist ein Coupé; es sieht sportlich-dynamisch aus, weshalb Einschränkungen beim Innen-/Kofferraum hingenommen werden müssen.
Nr. 2 ist eine klassische Limousine, bei welcher das Gepäck in einem separaten Kofferraum transportiert wird.

3. **Welche Gesichtspunkte sind deiner Meinung nach für den Verwendungszweck der Autos ausschlaggebend?**

Beim **Coupé:** aerodynamische Aspekte und eine dynamische Linienführung.
Bei der **Limousine:** der Passagierraum ist besonders groß und hell gestaltet und steht im Mittelpunkt.
Beim **Kombi:** Passagier- und Kofferraum erscheinen gleichberechtigt, klare Trennung zwischen Motor- und Nutzraum.
Beim **Van:** scheint nur aus Passagier- oder Laderaum zu bestehen, der Motorraum ist kaum auszumachen.

4. **Welche Aspekte des Designs sowie der Aerodynamik kannst du bei den Autos feststellen? Erkennst du Schwachpunkte in den jeweiligen Modellen?**

Design und Aerodynamik erkennbar durch:

Nr. 1: klare Formensprache, inhaltliche Geschlossenheit, aerodynamisches Aussehen
Nr. 2: klare Formensprache mit traditionellen Elementen
Nr. 3: Klarheit, Prägnanz und Funktionalität; Aerodynamik und Nutzraum sind gut ausbalanciert.
Nr. 4: Klarheit und Funktionalität

Schwachpunkte einzelner Modelle:

Nr. 1: wenig nutzbarer Raum
Nr. 2: Das Gepäckvolumen scheint relativ gering zu sein.
Nr. 4: Der eckige Aufbau zeigt aerodynamische Defizite.

13 Strömungswiderstände am Auto

Info
Die Größe des Luftwiderstandes hängt davon ab, wie schwierig es für die Luft ist, um einen Körper herumzufließen. Ob wir uns durch die Luft bewegen oder ob wir die Luft mit gleicher Geschwindigkeit um uns herumfließen lassen, ist dabei egal.
Wir brauchen umso mehr Energie, je mehr Luft wir bewegen und je schneller wir diese Luft relativ zu uns bewegen.

1. Luftballonexperiment zur Erklärung von Druck:

a) Du hast Druck im Unterricht sicher als Kraft pro Fläche kennengelernt. So lässt sich auch der Druck in einem Gasvolumen, z.B. einem aufgeblasenen Luftballon, an seiner Oberfläche messen. Man sollte sich aber klarmachen, dass das gesamte Gasvolumen „unter Druck steht“. Um die Formel für diese Vorstellung herzuleiten, erweitert man $p = F/A$ um eine Strecke s. Schreibe diese Formel auf; bedenke, dass Kraft · Strecke = Arbeit bzw. Energie ist.

$$p = \frac{F}{A} = \frac{(F \cdot s)}{(A \cdot s)} = \frac{E_{mech}}{V}$$

b) Was bedeutet das?

Druck ist die gespeicherte Energie pro Gasvolumen; lösen wir die Gleichung nach der Energie auf, folgt: $E_{mech} = p \cdot V$. Die gespeicherte Energie ist proportional zum Druck und proportional zum Gasvolumen.

c) Die hergeleitete Formel kannst du nachprüfen, indem du eine Luftballonrakete baust: Spanne eine Schnur quer durchs Klassenzimmer und befestige einen Luftballon mit Tesafilm an einem Trinkhalm, der möglichst leicht an der Schnur gleitet. Blase den Luftballon erst nur wenig auf, dann auf den doppelten Durchmesser. Achte auf den Druck, den du nach dem ersten großen Widerstand gegen das Aufblasen im Mund spürst. Ändert er sich?

Kaum. Je weiter man einen Luftballon aufbläst, desto weniger Druck hat das Gas innen. Das kann man z.B. verdeutlichen, wenn man zwei unterschiedlich aufgeblasene Luftballons mit einem Trinkhalm verbindet. Der kleinere bläst den größeren auf!

d) Lass nun verschieden stark aufgeblasene und natürlich nicht zugeknotete Luftballons an der Schnur rasen. Was passiert? Um wie viel weiter sollte ein doppelt so großer Luftballon kommen?

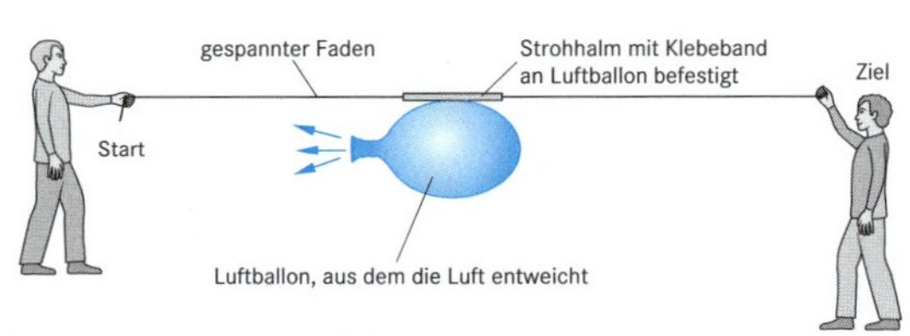

Der größere Luftballon kommt viel weiter. Er kommt mehr als doppelt so weit.

Druck ist eine Eigenschaft eines Gasvolumens. Wir können damit Energie in einer Gasmenge speichern.

2. Druckexperiment mit Papierblatt:
Halte einen Papierstreifen wie in der Abbildung an die Unterlippe und blase stark darüber. Was beobachtest du? Erkläre deine Beobachtung.

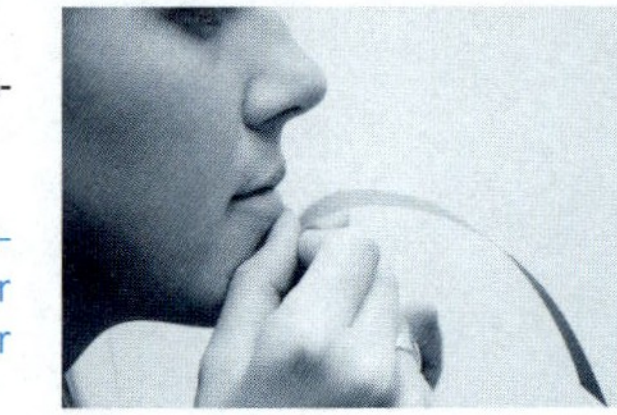

Das Blatt hebt sich, weil die über dem Blatt strömende Luft eine höhere Geschwindigkeit hat als die unter dem Blatt. Dadurch ist der Druck oberhalb niedriger als unterhalb des Blattes. Und weil unter dem Blatt mehr Druck besteht als darüber, hebt sich das Blatt.

3. Überlegungen zur Luftströmung um ein Auto:
Wie strömt Luft um ein Auto? Dazu vereinfachen wir die Autoform auf ein Three-Box-Modell und betrachten, wo sich beim Losfahren und Beschleunigen Unter- bzw. Überdruckbereiche bilden. Wir vernachlässigen dabei die Strömung unter dem Auto.

a) Zeichne die Bereiche um das Auto dunkelblau ein, wo du Über- oder Staudruck erwartest und hellblau, wo du Unterdruck erwartest. Erinnere dich daran, wie es sich beim Fahrradfahren anfühlt.

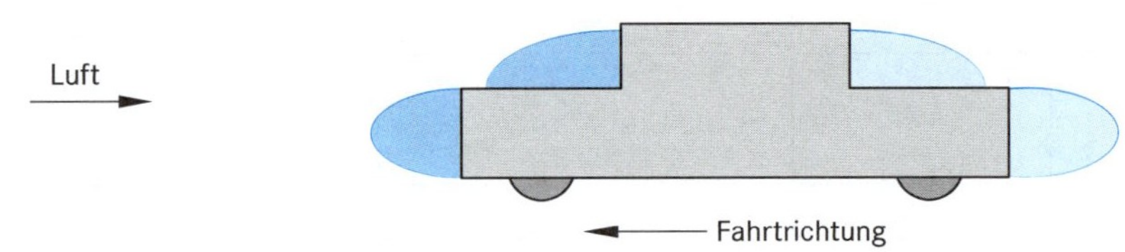

b) Ergänze den Satz:

Vor dem Auto herrscht ___mehr___ Druck, hinter dem Auto ___weniger___ Druck.

c) Wohin wird das Auto durch die Druckunterschiede beim Fahren „gedrückt“?

Das fahrende Auto wird durch die beiden entstehenden Druckbereiche nach hinten gedrückt, also gebremst.

d) Das Auto fährt. Es muss gegen die „Druckbereiche" fahren und benötigt dazu Energie. Überlege: Wie fließt die Luft um das Auto und seine „Luftdruckpolster" herum? Beachte, dass die Überdruckbereiche auch Luft „wegdrücken", während sie zu Unterdruckbereichen „hingedrückt" werden. Ergänze die Abbildung um die Über- und Unterdruckbereiche analog zu Aufgabe a). Zeichne dann ein, wie der Luftstrahl um das Auto herumfließt.

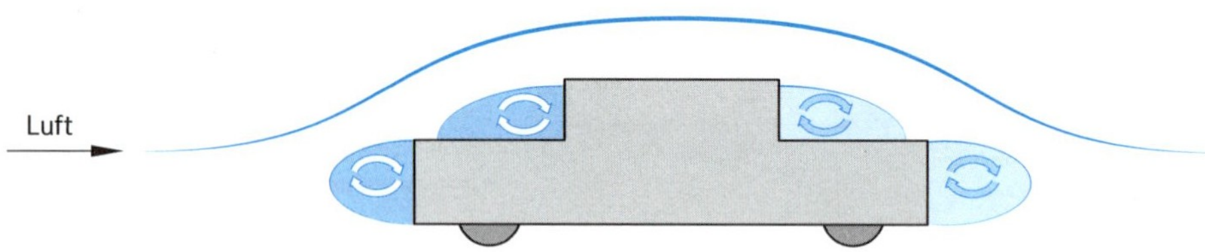

e) Beschreibe, wie die Luft um die eckige Autoform herumfließt.

Durch die Druckgebiete fließt die Luft nicht der eckigen Form nach, sondern sie fließt rund um das Auto herum. Sie macht also weniger Kurven.

f) Die am Auto vorbeiströmende Luft fließt auch an den eingezeichneten Druckbereichen entlang. Überlege, was in diesen Druckbereichen passiert.
Zeichne dies ebenfalls in die obige Skizze ein und schreibe hier einen Antwortsatz.

Die vorbeiströmende Luft dreht den gestauten Bereich. Es bilden sich Wirbel.

g) Stell dir vor, du schiebst deine flache Hand durchs Wasser nahe der Wasseroberfläche. Was passiert? Vergleiche dies mit den Über- und Unterdruckgebieten am Auto.

Vor der Hand staut sich das Wasser hoch und hinter der Hand sinkt es ab. Der Druck im Wasser hängt von der Wassertiefe ab, das merkt man beim Tauchen. Je höher das Wasser vor der Hand steht, desto höher ist der Druck dort, passend zu den Autoskizzen.

Folgerungen:
Entstehen Wirbel, kostet dies Energie, die nicht in Bewegungsenergie des Autos umgesetzt wird, d.h. Wirbel bremsen.
Wo sich Wirbel bilden, kann man sich an einfachen Formen vorstellen. Um die Wirbel bei einem echten Auto zu bestimmen und ihre Stärke zu messen, benötigt man Windkanaltests oder Simulationsrechnungen mit dem Computer.

Energieverluste berechnen sich aus *Luftwiderstandskraft · gefahrener Strecke.*

4. Druck- und Strömungsverluste:

Luftwiderstand setzt sich einerseits aus Druckverlusten (wie in Aufgabe 3) und andererseits aus Strömungsverlusten zusammen. Damit sind Reibungsverluste in der Luft gemeint. Je nach Form eines Körpers ergeben sich mehr Druck- oder mehr Strömungsverluste.

a) In der Tabelle sind zwei Formen mit der herumströmenden Luft (Pfeile) vorgegeben. Es ergeben sich extreme prozentuale Werte bei den Widerstandsverlusten durch Druck bzw. Reibung.
Zeichne die vorgegebenen drei Körper in der passenden Reihenfolge in die Tabelle ein. Schätze die dazugehörenden Verlustwerte oder lass sie dir von der Lehrkraft geben.

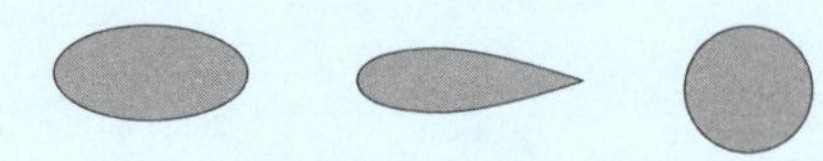	Widerstandsverluste prozentual aufgegliedert in	
	Druck	**Reibung**
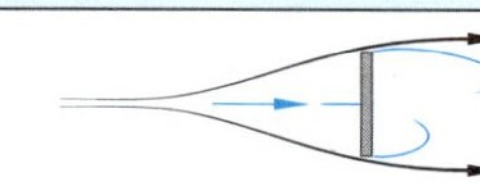	100%	0 %
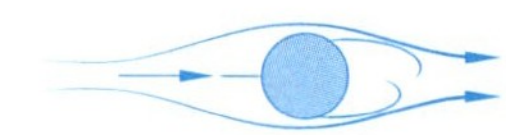	90 %	10 %
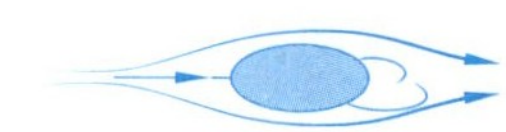	60 %	40 %
	10 %	90 %
	0 %	100%

b) Zeichne analog zu den Bildern in Zeile 1 und 5 die Luftströmung in die Tabelle ein. Überlege, wo sich Wirbel bilden und zeichne sie ein.

c) Betrachte die Formen in der Tabelle. Wann ist der Strömungswiderstand größer: wenn ein Körper eher Druck- oder eher Strömungsverluste erfährt?

Druckverluste sorgen eher für einen großen Strömungswiderstand. Lange Körper haben eher einen besseren c_w-Wert und eine aufs Volumen bezogen relativ kleine Querschnittsfläche. Beides sorgt für einen niedrigeren Strömungswiderstand.

d) Welche Form sollte ein Auto haben, damit es aerodynamisch ideal ist?

Das Auto muss extrem lang und extrem dünn sein.

14 Strömungen sichtbar machen

Info

Die Strömungswiderstandsverluste eines Körpers setzen sich aus Reibungsverlusten in der Luft und aus Energieverlusten in den Wirbeln zusammen, die sich um den Körper herum bilden.
Um ein möglichst windschnittiges Auto oder andere Fahrzeuge zu bauen, kann man nicht einfach ausrechnen, wie groß der c_w-Wert für eine bestimmte Form ist. Man muss den c_w-Wert entweder experimentell oder über Computersimulationen bestimmen.
Beim Autobau heißt das: erste Vergleiche des Strömungsverhaltens bei ausgewählten Entwürfen macht man mit Computersimulationen und Windkanalmodellen, dann baut man Modelle im Maßstab 1:1 und misst im Windkanal nach.

1. Recherchiere: Wofür steht die Abkürzung CFD?

CFD = Computational Fluid Dynamics oder numerische Strömungsmechanik; dabei werden computergestützt mit numerischen Methoden (Modellgleichungen) Windkanalberechnungen simuliert.

2. Bisher wurden Druckverhältnisse an einfachen „Autoformen" betrachtet, in der Praxis kommen jedoch noch Strömungseffekte hinzu.

a) Recherchiere und erläutere das Gesetz von Bernoulli.

Nach dem Bernoulli-Gesetz der Strömungslehre führt eine Erhöhung des Drucks zu einem Abfall der Geschwindigkeit und umgekehrt.

b) Wie verhält sich demnach der Druck in einem dünner werdenden Rohr, durch das Luft strömt? – Ergänze die Abbildung um Pfeile für die Fließgeschwindigkeit (kurze Pfeile = niedrige Fließgeschwindigkeit; lange Pfeile = hohe Fließgeschwindigkeit) und die richtig zugeordnete Beschriftung:
hoher Druck – niedriger Druck – hohe Fließgeschwindigkeit – niedrige Fließgeschwindigkeit

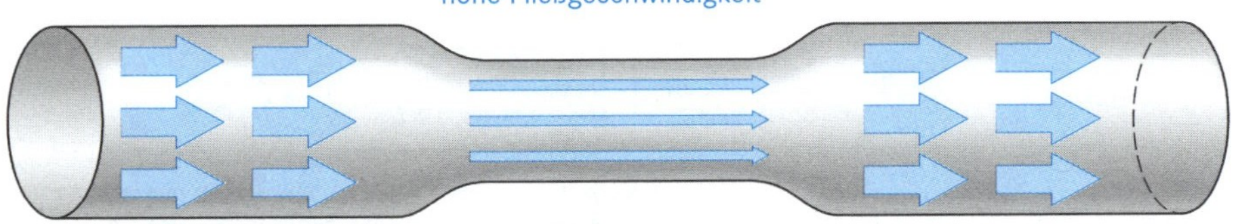

3. Die Abbildungen zeigen eine typische Darstellung der Rechenergebnisse einer CFD-Simulation. Man erkennt die Druckverteilung an einem Automodell von schräg vorn und schräg hinten.

a) Was bedeuten die Farben bezogen auf die Druckverteilung?

Blau: je dunkler, desto ... mehr Überdruck	**Grau:** je dunkler, desto ... mehr Unterdruck

b) Nun überlege, welche Aussagen du über die Strömungsverhältnisse treffen kannst.

Blau: bedeutet langsamere Strömung oder Luftstau	**Grau:** bedeutet schnellere Strömung und damit Unterdruck

c) Die Druckverteilung entspricht nicht mehr den einfachen Vorstellungen am „Klötzchenauto". Liste Gemeinsamkeiten und Unterschiede auf.

An den Stirnflächen hat man immer noch kleinere Überdruckzonen, hinter dem Auto aber deutlich weniger Unterdruckzonen, sogar etwas Überdruck an der hinteren Scheibe. Da Überdruck vor dem Auto und Unterdruck hinter dem Auto bremsend wirken, formt man Autos z.B. durch die schräge Windschutzscheibe so, dass diese Drücke möglichst klein werden.

15 Grenzen aerodynamischen Gestaltens

1. Noch mal scharf nachgedacht und zur Wiederholung:
Von welchen vier Gegebenheiten hängt der Strömungswiderstand ab?

von der Form (je länger die Form, desto besser ist üblicherweise der c_w-Wert)	vom Medium, in dem der Körper sich bewegt (Wasser bremst z.B. mehr als Luft)
von der Querschnittsfläche A des umströmten Körpers	von der Geschwindigkeit v des umströmten Körpers

2. Ordne diese c_w-Werte den gezeigten Körpern zu: 0,03 – 0,08 – 0,25 – 0,40 – 0,45 – ca. 0,8 – 0,9

0,45

0,08

0,03

ca. 0,8

0,25 – 0,40

0,9

3. Wenn ein Team aus Ingenieuren und Designern ein Auto entwirft, müssen sie darauf achten, dass es möglichst wenig Energie verbraucht, egal, ob es sich um ein Elektro-, Benzin- oder Brennstoffzellenauto handelt.
Begründe anhand des Strömungswiderstandes: Ist es günstiger für den Energieverbrauch eine kurze Strecke zu nehmen, die man langsam fährt, oder sollte man einen Umweg über die Autobahn nehmen, bei dem man aber schneller am Ziel ist?

Da die Energieverluste von den Reibungskräften und der gefahrenen Strecke abhängen, gilt: Es ist besser, den kurzen Weg zu fahren. Erstens hängt der Verbrauch von der gefahrenen Strecke ab und zweitens ist die Luftreibung bei hoher Geschwindigkeit viel höher.

4. Ist der Luftwiderstand bei doppelter Geschwindigkeit ...

- [ ] ... doppelt so hoch?
- [x] ... viermal so hoch?
- [ ] ... dreimal so hoch?
- [ ] ... halb so hoch?

Begründung:

Der Luftwiderstand ist viermal so groß, da die Geschwindigkeit quadratisch in die Formel eingeht.

5. a) Wie können Autokonstrukteure den Luftwiderstand möglichst klein halten? Welche Faktoren in der Formel können sie verändern?

Sie können den c_w-Wert und die Querschnittsfläche des Autos möglichst klein halten.

b) Welche Faktoren lassen sich nicht verändern? Wovon hängen diese ab?

Nicht verändern lassen sich die Geschwindigkeit (weil Autofahrer normalerweise so schnell fahren möchten, wie es erlaubt ist) sowie die Dichte der Luft (diese hängt vom Wetter ab und dem Ort, an dem man sich befindet, z.B. der Höhe über dem Meeresspiegel).

c) Wie sähe das aerodynamisch beste Auto aus?

Wie ein „Raketenauto“: möglichst lang und mit kleiner Querschnittsfläche.

d) Warum verkleinert man die Querschnittsfläche nicht?

Die Querschnittsfläche eines modernen Autos besteht fast nur aus der Fahrgastzelle, den aus dem Rumpf ragenden Rädern und den Rückspiegeln. Würde man die Fahrgastzelle verkleinern und die Passagiere hintereinandersetzen, müsste das Auto deutlich länger werden.
Dies hätte zwar Vorteile bezüglich des c_w-Wertes, aber Nachteile bei der Handhabung (Parkplatzsuche, Wendigkeit, ...)

16 Ein Automodell aus Ton gestalten

Vorüberlegungen

Wer eine Form (er)findet, sollte sie spüren! Ton ist dafür ein sehr geeignetes und dankbares Material. Der Ton lässt sich leicht mit den Händen oder geeigneten Modellierwerkzeugen in Form bringen, man kann sowohl aufbauend arbeiten und Teile leicht hinzufügen als auch Volumen abtragen.
Man kann das Tonmodell nach der vollständigen Trocknung (das dauert ca. zwei Wochen!) brennen. Dabei wird der Ton im Brennofen auf ca. 900 °C erhitzt, er wird dadurch stabiler und ändert auch etwas seine Farbe. Wichtig ist, dass sich keine Lufteinschlüsse im Modell befinden, die sich beim Brennvorgang ausdehnen würden und den Ton sprengen könnten.
Vor Beginn der Arbeit „schlägt" man deshalb den Ton: Der Block wird mehrmals kräftig auf den Tisch geworfen. Für jeden neuen Wurf dreht man den Block so, dass er immer weiter komprimiert wird und die Luft entweichen kann. Auch beim Modellieren muss man darauf achten, keine Luft mit einzubauen. Fügt man Teile an, so werden sie ohne Hohlräume an das Modell geknetet.
Auch wenn man den Ton nicht brennen möchte, wird das Modell am Ende des Gestaltungsprozesses von unten, bei der Fahrgastkabine, etwas ausgehöhlt, sodass die Wandstärke überall etwa gleich dick ist (ca. 4 cm). Das verhindert Spannungen beim Trocknen, die zu Rissen führen können.

1. Bestimme zunächst die Größe des Tonmodells. Weil sich Räder schlecht aus Ton herstellen lassen, benutze fertige, gekaufte Räder (Vorschlag: Durchmesser von 43 mm). An diese feste Größe müssen die Proportionen des Autos angepasst werden. Benutze als Grundlage deinen gezeichneten Entwurf (Arbeitsblatt 9), der im Tonmodell weiter verfeinert werden soll.

a) In einem Modell gibt es bestimmte Proportionen. Ist eine Größe festgelegt, kann man die anderen Größen berechnen. Das ist für die Vergleichbarkeit der Modelle wichtig.
Miss auf dem gezeichneten Entwurf (Seitenansicht) die Länge deines Autos (l_E) und den Raddurchmesser (d_E).

Berechne: $\frac{l_E}{d_E} = f_1 =$ schülerindividuelle Antwort

Berechne: $l_M = f_1 \cdot 43$ mm = schülerindividuelle Antwort

Dies ist die Länge deines Modellautos in mm.

b) Nun die Höhe: Miss auf dem gezeichneten Entwurf (Seitenansicht) die Höhe h_E deines Autos.

Berechne: $\frac{l_E}{h_E} = f_2 =$ schülerindividuelle Antwort

Berechne: $h_M = l_M/f_2 =$ schülerindividuelle Antwort

Dies ist die Höhe deines Modells in mm.

c) Die Breite können wir nicht aus dem Entwurf bestimmen, weil er nicht maßstabsgetreu ist. Wir verwenden übliche Größenverhältnisse der drei Autotypen, du kannst sie beim Modellieren als Anhaltspunkt nutzen.
f_3 = Länge/Breite = 2,65 (Limousine); = 2,35 (Kleinwagen); = 2,60 (Van)

Berechne: $b_M = \frac{l_M}{f_3} =$ schülerindividuelle Antwort

Dies ist die Breite deines Modells in mm.

18 Design und Aerodynamik – NwT-Klassenarbeit

Name: **Klasse:** **Datum:**

Aufgabe 1

Gib zwei Möglichkeiten an, wie du beim Fahrradfahren mit gleichem Energieaufwand schneller fahren kannst.

Der Luftwiderstand muss vermindert werden, indem ich mich weit nach vorne lehne.
Ich kann im Windschatten eines großen Fahrzeugs fahren oder ich kann das Rad aerodynamisch günstig verkleiden.

Aufgabe 2

Gib die Formel für den Luftwiderstand an und benenne die Größen.

$F_W = ½\, c_w \cdot \rho_L \cdot A \cdot v^2$

mit F_W: Luftwiderstandskraft, c_W: Luftwiderstandskoeffizient, ρ_L: Dichte der Luft, A: (Stirn)Fläche, v: Geschwindigkeit

Aufgabe 3

In welchem Bereich liegen die c_w-Werte handelsüblicher Autos?

Der c_W-Wert üblicher Autos beträgt ca. 0,25 bis 0,4

Aufgabe 4

Freier Fall: Berechne die Geschwindigkeit eines Körpers, der aus 10 m Höhe fällt (rechne mit g = 10 m/s²).

$E_{Bewegung} = E_{Lage}$ ($E_{kin} = E_{pot}$) folgt $½ \cdot m \cdot v^2 = m \cdot g \cdot h$; $v^2 = g \cdot h$; $v^2 = 2 \cdot 10\ m/s^2 \cdot 10\ m$;
v = 14 m/s; dies entspricht v = 3,6 · 14 km/h = 50 km/h

Aufgabe 5

Das Schaubild zeigt das Diagramm von drei Fallkurven.

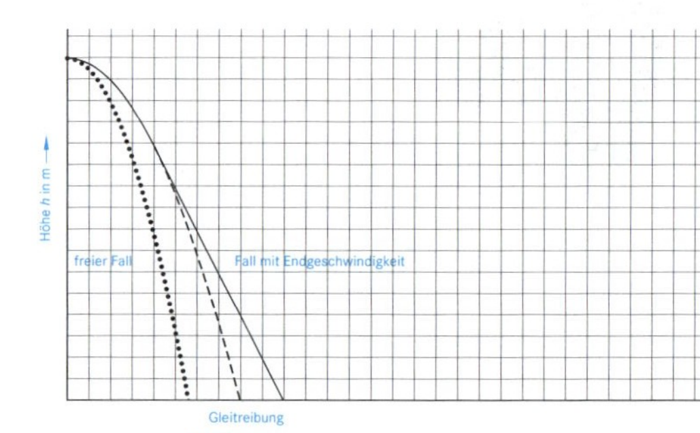

a) Beschrifte die Achsen.

b) Vergleiche die Geschwindigkeiten kurz vor dem Auftreffen.

Je steiler die Kurve abfällt, desto höher ist die Geschwindigkeit, somit gepunktet > gestrichelt > durchgezogen.

c) Welche Kurve gehört zum freien Fall? Begründe.

Die gepunktete Kurve gehört zum freien Fall. Der Verlauf ist eine Parabel. Sie ist die schnellste, die anderen werden beim Fallen gebremst.

d) Ordne die beiden anderen Kurven einen Falltyp zu.

Die durchgezogene Linie zeigt den gebremsten Fall, bei dem eine konstante Endgeschwindigkeit erreicht wird. Die gestrichelte Linie zeigt einen durch Luftwiderstand gebremsten Fall, aber ohne dass eine Endgeschwindigkeit erreicht wird.

e) Extrapunkte:
Berechne die Fallhöhe unter der Annahme, dass eine Kästchenbreite 0,5 s entspricht.

Die Aufgabe funktioniert nur bei der Kurve, die den freien Fall darstellt (gepunktete Kurve).
Abgelesen: $t = 2{,}8$ s; $h = \frac{1}{2} \cdot g \cdot t^2 = \frac{1}{2}\, 10\ \text{m/s}^2\, (2{,}8\ \text{s})^2 = 39{,}2$ m.

Aufgabe 6

Nenne vier Kriterien, die gutes Design erfüllen sollte und erkläre am Beispiel der abgebildeten Turnschuhe, wie diese umgesetzt wurden.

Der Schuh ist ergonomisch geformt, flach, fest und variabel zu schnüren, innen gepolstert und aus strapazierfähigem Material: Alle seine Teile dienen der **Funktion** Turnschuh. Die Gestalt ist **klar**, denn es sind keine unnötigen und daher störenden Elemente am Schuh. **Ganzheitlichkeit** bedeutet: der Schuh sieht gut aus, weil die Linien und Materialien zusammenpassen und diese den Schuh zu einem Ganzen machen. Alle Gestaltungselemente signalisieren Dynamik: Die flache, längsgestreckte Form, die dynamischen Diagonalen der Streifen und auch der spitz zulaufende weiße Lederstreifen an der Ferse. Der Schuh ist als **Original**-Adidasschuh zu erkennen, da er drei Streifen hat, dennoch ist es in dieser Ausführung ein neu gestalteter Schuh, der in dieser reduzierten und prägnanten Gestaltung so noch nicht zu sehen war.

Aufgabe 7

Ein Automobilkonzern plant die Einführung eines neuen Fahrzeuges. Zielgruppe ist „die junge Familie mit ein bis zwei Kindern". Welche Anforderungen würdest du an das Fahrzeug stellen?

Das Auto muss genügend Raum für vier Personen bieten und einen großen Gepäckraum z.B. für einen Kinderwagen haben. Das Auto darf nicht teuer sein, weil junge Familien nicht so viel Geld haben. An der Sicherheit des Fahrzeuges sollte trotzdem nicht gespart werden. Eine hohe Alltagstauglichkeit v.a. für Kurzstrecken steht im Vordergrund, dafür sind hohe Endgeschwindigkeiten und Reisekomfort eher Luxus, den man sich mit kleinen Kindern oft nicht leisten kann.

Aufgabe 8

Ein neuer Kleinwagen soll gestaltet werden. Er ist überdurchschnittlich motorisiert und soll in seiner Gestaltung Fahrspaß und Dynamik zum Ausdruck bringen. Skizziere mit dem Bleistift einen Entwurf für ein solches Fahrzeug. (Ergänze die Skizze; nur der Radabstand ist festgelegt.)

(schülerindividuelle Lösungen)

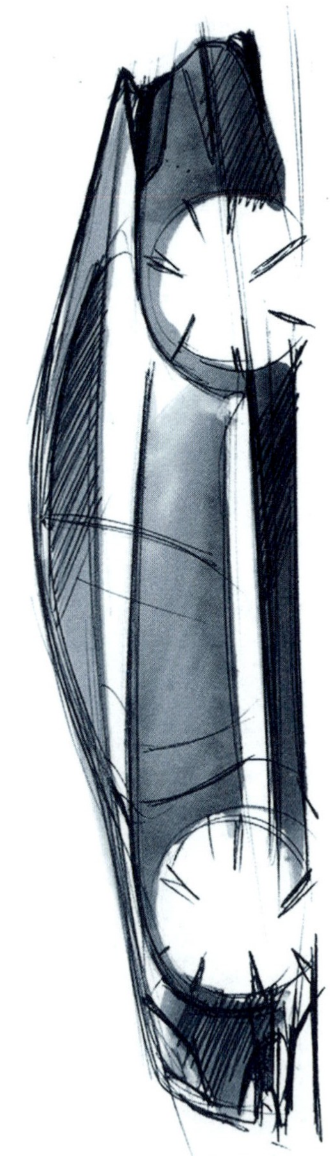